HANS-CHRISTIAN DANY, geboren 1966, lebt als Künstler in Hamburg schon lange im Urlaub von dem, was er tun soll. Wie viele, die nicht wissen, wohin mit sich, schreibt er. Manchmal werden daraus Bücher, zuletzt zusammen mit Valérie Knoll *No Dandy, No Fun. Gutaussehend in den Untergang* (Sternberg Press, London 2023). Um sich diesen Luxus leisten zu können, geht er wechselnden Tätigkeiten nach und betreibt immer noch einige der Unternehmungen, von denen in diesem Buch die Rede ist.

Bei Edition Nautilus erschienen:
MA-1. Mode und Uniform (2018)
Schneller als die Sonne. Aus dem rasenden Stillstand in eine unbekannte Zukunft (2015)
Morgen werde ich Idiot. Kybernetik und Kontrollgesellschaft (2013)
Speed. Eine Gesellschaft auf Droge (2008)

HANS-CHRISTIAN DANY

SCHULD

WAR MEIN HOBBY

BILANZ EINER FAMILIE

EDITION NAUTILUS

Edition Nautilus GmbH
Schützenstraße 49 a
D - 22761 Hamburg
www.edition-nautilus.de

Originalveröffentlichung
Erstausgabe März 2024
Umschlaggestaltung: Maja Bechert
www.majabechert.de
Satz: Corinna Theis-Hammad
www.cth-buchdesign.de
Porträt auf S. 2: © privat

FSC
www.fsc.org
MIX
Papier aus verantwortungsvollen Quellen
FSC® C083411

Druck und Bindung:
CPI – Clausen & Bosse, Leck
1. Auflage
ISBN 978-3-96054-348-0

Die dicken Vorhänge waren stramm zugezogen, als das Telefon klingelte. Mag sein, ich schlief. Manchmal weiß ich das nicht so genau. Ohne das Aufleuchten des Displays hätte ich das Telefon jedenfalls kaum gefunden. Die wache Stimme am anderen Ende der Leitung kam schnell zur Sache. Es ging um eine Einladung. Sie freute mich, obwohl die Party Arbeit hieß. Ich sollte schreiben und gleich eine ganze Serie. Doch, fügte die Stimme schnell hinzu, es würde auch reichen, wenn eine Folge mal nur ein Wort lang wäre.

Doch was sollte das für ein Wort sein?

Nachdem meine Hand aufgelegt hatte, sank der Kopf wieder in das Kissen. Die Einladung gab sich offen, aber würde sie es bleiben? Das Spielfeld hieß Kunst. Auf ihm fängt vieles lustig an, bis der Spaß plötzlich aufhört und sich alle streng ansehen. Ich mag den Ernst, aber manchmal verstehe ich nicht, woran er sich festbeißt, bis die Freundschaften zerbrechen. Die Neigung zum harten Umgang miteinander war einer der Gründe, warum ich mich vor langer Zeit für die Ränder der Kunst entschieden habe. Doch nach einer Weile musste ich entdecken, es handelt sich bei den Randzonen um glatte Schrägen, auf denen ich schnell zum Zaungast abrutsche, der gar nicht mehr weiß, ob er noch mitspielt. Ich schluckte. Hatte mich der Anruf gefreut, da er mir das Gefühl gab, wieder auf dem Brett zu stehen?

Die Stimme wollte aber gar keine Kunst von mir, sondern schlug mir eine etwas undefinierte, allein dadurch anziehende Möglichkeit vor: Du kannst schreiben, was du willst.

Ich kannte den Körper zur Stimme. Wir hatten einige Male an langen Tischen gesessen und flüchtige Gespräche in distanzierter Vertrautheit geführt, als würden wir uns schon ewig kennen. Dabei waren wir einfach nur übereinander informiert, da sich in diesem Betrieb alle ständig übereinander informieren. Ich wusste, die Stimme musste fünfzehn bis zwanzig Jahre jünger als ich sein und betrieb ein Handelsunternehmen für zeitgenössische Kunst im Rheinland. Vor einem Jahr hatte jener, dem die Stimme gehörte, als Nebenprojekt der Galerie eine Art Verlag gegründet: Einer Schriftstellerin wurde monatlich Geld überwiesen. Sie schrieb dafür eine Serie von zwölf Texten, die auf einer Webseite veröffentlicht wurden. Später sollte daraus ein Buch werden, wenn der Verlag erstmal richtig anfing. Zeitgenössische Kunst baut gern auf Vorstellungen von etwas auf, das es noch gar nicht gibt. In diesen spekulativen Versprechen von etwas, was sein könnte, liegt neben vielen Möglichkeiten immer die Gefahr einer gewissen Fallhöhe. Jetzt war ich also ausgewählt worden, um als Hausautor auf Zeit das Alleinstellungsmerkmal der Galerie darzustellen.

Im Kopf hatte ich bereits zugesagt, handelte es sich doch um eine Anfrage, bei der ich Geld für das erhalten sollte, was ich sowieso tat. Bezahlte Texte schreiben sich oft einfacher, da die Lohnarbeit eine allgemeingültige Anerkennung genießt und ich mir den Auftrag nicht selbst geben muss. Außer Geld bot sich aber eine offene Situation, in der etwas Überraschendes geschehen konnte. Während ich noch wie ein Käfer auf dem Bett lag, begannen die Gedanken zu flanieren. Ich wurde fast albern und malte mir aus, das Angebot zu nutzen, um einen heimlichen Traum vom Leben als Restaurantkritiker zu betreten. Um nicht gleich mit meinen unterdrückten Wünschen anzufangen, überlegte ich weitere Möglichkeiten. Eine Idee war, über meine Vergangenheit als Künstler zu schreiben. Manchmal stelle ich mir vor, meine Abstinenz von Kunst an den Nagel zu hängen und wieder ein Bild zu malen. Die Situation wird aber schnell zum Albtraum. In ihm suche ich wie verrückt nach dem Pinsel und finde ihn nicht. Nach den ungemalten Bildern im Traum wird sogar manchmal im Wachzustand gefragt. Wenn solche Fragen kommen, rede ich mich damit raus, ich schreibe doch gerade und müsse mich konzentrieren. Ob ich dann jetzt Autor wäre?, werde ich dann gefragt. Nicht wirklich, murmele ich. Ohne dass ich weiß, warum, wird mir die Situation immer peinlicher. Am liebsten möchte ich im Boden versinken oder sagen, ich tue gar nichts. Nichts zu tun ist aber ziemlich schwierig.

Seit mein Sohn Maku zur Schule geht und gelegentlich sagen muss, was sein Vater arbeitet, habe ich mich mit der von ihm gewählten Bezeichnung Schriftsteller abgefunden. Es braucht einen Begriff, da er nicht antworten kann, der Vater säße in der Küche in einem großen Durcheinander und tippe manchmal etwas.

Wenn Formulare nach meiner Tätigkeit fragen, schreibe ich Autor, obwohl ich das Wort nicht mag, da es nach Autorität klingt. Persönlich bleibe ich lieber beim Verb. Die Sache mit dem Schreiben ist alles andere als sicher. Heute schreibe ich, morgen ist es vielleicht schon vorbei damit.

Nein zu sagen und nichts zu werden schien mal eine Möglichkeit. Als ich jung war, konnte ich mir auch leichter in die Tasche lügen. Mit den Jahren wurde das Nein komplizierter. Heute schwingt zwar noch ein Nein mit, wenn ich schreibe, übertönt wird es aber von einem Ja. Ja, ich will schreiben. Ich sage überhaupt immer öfter Ja zu dem Leben, zu dem ich oft Nein gesagt habe. Die Vorstellung, nichts zu werden, hängt mir aber noch nach. Regelmäßig tagträume ich, eine Bar zu kaufen, heißt es doch: Wer nichts wird, wird Wirt. In meiner Vorstellung von einem Leben als Barbesitzer komme ich am frühen Abend in das Lokal, fülle etwas auf und ordne den Kassenbestand. Danach gehe ich zu Bett. Morgens um sechs, wenn die Bar bald schließt und ich schon wieder wach bin, unternehme ich den zweiten Kontrollgang. Während ich mir dabei zusah, wie meine Hände das im Schlaf verdiente Geld zählten, dachte ich plötzlich, ich könnte über meinen Vater schreiben. Der Gedanke fiel nicht vom Himmel. Seit seinem Tod vor vier Jahren wurde mir oft gesagt: Ich sollte über uns schreiben. Als Antwort zuckte ich mit den Schultern und dachte, es wäre mir viel zu persönlich. Bisher hatte ich distanzierte Texte zu übergeordneten Themen geschrieben, und für meinen Vater bräuchte ich eine andere Sprache.

Am nächsten Tag aß ich Zunge und dachte an den Anruf. Ich wusste, die Stimme vom anderen Ende der Leitung teilte sich ein mehrstöckiges Haus mit dem Vater, der dort im ersten Stock eine Galerie betrieb, die der Sohn einmal übernehmen sollte. Vor diesem Hintergrund über meinen Vater zu schreiben, schien zu passen.

Da meine Eltern ein Paar blieben und ich nicht an Gott glaube, habe ich nur einen Vater. Damit es sich im Text nicht nur um ihn und mich, seinen Sohn, dreht, brauchte es einen weiteren Begriff, dachte ich, an dem er sich reiben konnte. Um den Begriff zu finden, versuchte ich jetzt mit dem Galeristen, der mich bezahlen wollte, zu sprechen. In einem der Gespräche sagte er, seit er vor zwölf Jahren eröffnet habe, existiere die Galerie im Modus der Krise, aber so sei es für die meisten Galerien seiner Generation.

Ich blieb an dem Wort Krise hängen. Über den Vater und die Krise zu schreiben wäre eine Möglichkeit, aber eine Entscheidung für das Naheliegende, da sich gerade so vieles in der Krise befindet. Ich mag, was auf der Hand liegt, aber als ich das Wort eine Weile zwischen den Fingern gedreht hatte, schien es mir gerade zu sehr wie ein Vorwand, um die eigenen Interessen durchzusetzen, und ich ließ die Krise vom Tisch fallen. Obwohl sie nun am Boden lag, war sie nicht weg. Ich sah, wie sie langsam auf meinen Schuh und an der Wade nach oben kroch. Während ich ihr zusah, wurde mir klar, ich werde sie nicht los, da ich ein Kind der Krise bin. Sie ist sozusagen meine zweite Mutter.

Am 27. Mai 1972 lobte das Flensburger Tageblatt unter der Überschrift »Ansichten eines Fünfjährigen« die Erziehung meiner Mutter. Das Ergebnis sei eine gelungene Balance aus autoritären und antiautoritären Elementen: Selbstständig gräbt der kleine Christian ein Loch, wo er will. Hinter dem Lob war ich ihr Argument gegen linke Kinderläden und für Frauen, die noch etwas anderes vorhaben als ihre Kinder. Detailliert schilderte die Autorin die Überlegungen des kleinen Christian zur Ehe: Die künftige Frau, es gebe zwei zur Wahl, sollte meine vielen Hemden bügeln, da die Uniform beim Mann immer ordentlich aussehen sollte. Daraus schloss die Beobachterin, ich habe genaue Vorstellungen, denke nach und pflege ein gesundes Verhältnis zu meiner Männlichkeit.

Am Ende des Sommers, der mit dem Artikel begonnen hatte, trat ich aus dem Kreis der Familie in die Gesellschaft. Zeitgleich mit meiner Einschulung erschien ein Bestseller, der die Welt veränderte. Es handelte sich um eine kybernetische Vorhersage, die die Vergangenheit in die Zukunft weiter berechnete und zu dem Ergebnis kam: Das Konzept der industriellen Moderne werde, wenn es sich nicht verändere, die Erde zielsicher gegen die Wand fahren. Als Sechsjähriger las ich die Prognose des Club of Rome noch nicht, sondern Mad Magazine. Aber das Buch *Die Grenzen des Wachstums* lag als dunkles Omen einer Welt ohne Zukunft auf dem Nachttisch meines Vaters und kurz darauf folgte die handfeste Krise des Ölpreisschocks. Die Preise für Energie explodierten. Zuhause zogen wir im Winter dicke Pullover über, statt die Heizung aufzudrehen. Die Krise meinte es bald noch persönlicher mit mir. Mein Vater pokerte hoch und verzockte sich, wodurch die Umstände unseres bisherigen Lebens ein Ende fanden.

Der Konkurs unseres Familienunternehmens schlug eine ordentliche Welle und wurde sogar im Radio gemeldet. In den Jahren nach dem Wirtschaftswunder galt ein Konkurs noch nicht als Unfall, der passieren konnte, sondern als Verlust der Ehre, der in den Augen von stolzen Männern als Grund galt, sich das Leben zu nehmen. Während der Gedanke im Kopf meines Vaters Kreise zog und er beim Rasieren ein lautes Selbstgespräch darüber führte, sah ich ihm heimlich zu. Er sagte gerade zu seinem Spiegelbild, ohne ihn wäre die Familie lebensunfähig. Er müsse uns mitnehmen, sonst würden wir untergehen. Obwohl er nicht aussprach, wie er unseren Abgang plante, konnte ich mir alles gut vorstellen: Im Garten stand ein großer Apfelbaum, unter dem wir am Abend im Dunkeln standen. Alles, was wir an Waffen besaßen, lag sauber aufgereiht auf dem Rasen. Er plante, es mit der doppelläufigen Schroflinte zu tun, die sonst in der Ecke des Arbeitszimmers stand. Ich dachte, Opa hat doch gesagt, Schrot sei zum Töten von Menschen gar nicht geeignet. Zwar ließe sich mit den gestreuten Bleikugeln ein Jagdunfall vortäuschen, als Tötungsinstrument für Menschen war die Waffengattung aber ungeeignet. Ein Schuss reichte nicht, um sicher zu sein, das Ziel ausgeschaltet zu haben. Wer töten wollte, musste pro Person mindestens zweimal schießen und erst bei dem dritten Schuss konnte man sicher sein. Meinem Vater schien das egal, er hatte in vielem seine eigenen Ansichten.

Zuerst sollte Jan als der Jüngere dran glauben, da der Anblick der Einschläge des gestreuten Projektils einen Fünfjährigen verstört hätte. Also musste ich, der schon Sieben war, zusehen, wie der Schuss den Kopf meines Bruders in eine blutige Masse verwandelte. Es kam aber gar nicht so weit. Mein Vater hatte seine Meinung geändert und schenkte uns das Leben. Wir gingen zurück ins Haus, wo es in dieser Nacht noch etwas kühler war als sonst.

Obwohl ich mir das alles nur vorgestellt habe, brannte sich die Szene unter dem Apfelbaum ins Gedächtnis. Ich werfe diese Erinnerung niemandem vor, außer mir selbst. Mein heimliches Lauschen, zusammen mit einer blühenden Fantasie, war schuld.

Nach dem Tagtraum lag ich noch einige Tage mit Magenkrämpfen im Bett. Da sich die ganze Familie in Aufruhr befand, konnte ich mit niemandem darüber sprechen. Also meldete ich mich gleich am ersten Tag in der Schule und sagte, ich habe ein Problem: Die Firma von meinem Vater und meinem Opa sei bankrott. Nach einem Moment stiller Betroffenheit fragte die Lehrerin, was ich mir für die Zukunft wünsche. Ich antwortete: »Dass mein Vater Postbote wird.« Die Vorstellung war, ihn künftig jeden Tag zu sehen, wie er auf einem Fahrrad durch unseren Vorort radelte und die Briefe austrug. Meiner Lehrerin erschien mein Vorschlag vernünftig.

Bis zum Konkurs hatte ich meinen Vater selten zu Gesicht bekommen. Morgens war er schon weg und kam am Abend erst zurück, als ich ins Bett musste. Am Samstag arbeitete er und am Sonntag hatten wir gesellschaftliche Verpflichtungen. Durch seine hochfliegenden Pläne blieb uns beiden wenig Zeit. Manchmal nahm er mich aber mit und wir rollten in einer Mercedes-Limousine über die norddeutschen Landstraßen. Seine Arbeit sah wie ein Ausflug aus. Wenn wir eine Pause machten, musste ich oft im Wagen bleiben. Der Chauffeur klappte das Handschuhfach auf, in dem eine Pistole lag, da mein Vater einen Brief bekommen hatte, der ihn vor der Baader-Meinhof-Bande warnte. Durch das Fenster beobachtete ich, wie er auf ein Gebäude zuging – oft waren es Bauwagen oder Hütten – und mit Männern redete, die Helme trugen. Zuerst wirkte die Situation ganz normal, bis sie plötzlich kippte. Es folgte ein großes Gebrüll. Mein Vater konnte sehr laut brüllen. Im Auto hielt ich mir die Ohren zu. Dann fuhren wir weiter, bis sich die Szene ähnlich an einem anderen Ort wiederholte. Der Vater war ein Arbeitgeber, was mir ungefähr so erklärt wurde, wie Jesus, der das Brot brach. Die Gefütterten zeigten sich aber undankbar, darum das Gebrüll.

Von den Dingen, die ich auf diesen Ausflügen sah, beschäftigte mich besonders die Pistole. Ich wünschte mir das gleiche Modell und bekam es aus Plastik. Dinge, die Geld kosteten, bekam ich leicht, und Waffen gehörten zu meinem Leben.

Da meine Eltern oft beschäftigt waren, spielte ich als kleines Kind regelmäßig bei den Eltern meines Vaters. In dem zum Spielzimmer umgenutzten Raum stand ein ausladender Waffenschrank. In ihm reihten sich ungefähr zwanzig Büchsen aneinander. Weiter konnte ich noch nicht zählen. Überall lag Munition und an den Wänden hing dicht an dicht, was Opa getötet hatte. Während ich spielte, hatte er zu tun, da er mit Oma rauchen musste. Eine Großpackung mit achtzig Zigaretten, das stand auf der Packung, steckte Omas Tagespensum ab und beschäftigte sie den ganzen Tag. Opa zog dazu an einer Pfeife, die wie angeklebt im Mund hing. Wurde ihm das Rauchen mal öd, erzählte er mir, mit welchem Gewehr er welches Tier getötet hatte. Auf dem Boden lagen neben verschiedenen Teppichen ein weißer und ein schwarzer Bär mit ausgestopften Köpfen. In ihren großen Glasaugen sah ich die weite Schneelandschaft um Lahti in Finnland, wo der Bär früher einmal gelebt hatte. Manchmal steckte Opa seinen Zeigefinger durch das Einschussloch im Pelz und malte aus, wie er mit Oma da hoch sei und ihn geholt habe.

Ein Gewehr konnte nicht eingeschlossen werden, da es zu groß war und nicht in den Schrank passte. Das schwere Kaliber für die Jagd von Elefanten ähnelte den Bazookas, die ich aus den Fernsehnachrichten über Vietnam kannte. Während die Großeltern besonders viel rauchten und ich dachte, sie kämen nicht ins Zimmer, spielte ich mein Lieblingsspiel, bei dem ich die Elefantenbüchse mit Schnürsenkeln auf das Dreirad schnallte und als Haubitze durch die Landschaft der toten Tiere schob. Das Spiel hieß Krieg. Ich hatte das Talent, es stundenlang zu spielen, weshalb gelobt wurde, wie gut ich mich beschäftigen konnte und dass man sich nicht um mich kümmern musste. Dabei hätte ich mir gewünscht, es wäre gesehen worden, dass ich schon mit sieben von Waterloo bis Stalingrad die Stellungen der wichtigen Schlachten auswendig konnte. Aber jetzt war das Spiel sowieso vorbei, nachdem der Konkurs in der Firma das Licht ausgeschaltet hatte. Das Öl sei zu teuer geworden, erklärte mein Vater. Angeregt von der Erklärung der Krise, ging ich als Scheich mit einem Plastikkanister in der Hand zum Fasching. Opa fand das gar nicht lustig und danach durfte ich eine Weile nicht zum Spielen kommen. Dabei war er gar nicht sauer wegen des Kostüms, sondern wegen des Konkurses, an dem er nicht dem Ölpreis, sondern meinem Vater die Schuld gab. Da Opa Gesellschafter der Firma war, verlor er viel Geld, musste die Villa verkaufen und in ein Reihenhaus ziehen. Wir stiegen ab, statt Filet gab es jetzt Linsen, und ich verstand gar nicht warum, fand es aber auch nicht schlimm. Als Opa später tot war, erzählte mir mein Vater, und es schwang ein gewisser Stolz mit, er habe das Familienunternehmen in den knapp zehn Jahren seiner Zugehörigkeit auf die dreifache Größe hochgepumpt, da er nicht nur Sohn sein, sondern sich beweisen wollte. Ich konnte mir das gut vorstellen, da ich inzwischen wusste, mein Vater kannte keine Grenzen.

Jetzt bin ich abgeschweift, statt über die Gespräche mit dem Galeristen zu schreiben, der auch einen Vater mit hochfliegenden Plänen hatte. Ich sprach noch etwas mit ihm, aber nicht besonders viel. Nachdem ich die erste Folge geliefert hatte, sagte er: »Was du schreibst, wirkt persönlich, ohne dass ich wirklich viel über dich erfahre.« Er meinte es freundlich. Sein Lob des Diskreten berührte aber einen wunden Punkt, da ich meinen persönlichen Ton oft für einen ungedeckten Scheck halte. Bei diesem Zweifel handelte es sich aber nur um einen von vielen, die jeden Morgen in die Frage münden, wie es mit meinem Leben weitergehen könnte. Beim ersten Kaffee beschließe ich dann, mich zu verändern. Sich andauernd zu korrigieren funktionierte aber nicht. Irgendwann war ich total erschöpft. War die Einladung zu der Serie jetzt eine Gelegenheit, meine Erschöpfung etwas in den Griff zu bekommen? Aber würde das bedeuten, nicht nur über meinen Vater, sondern auch über mich zu schreiben? Ja und nein. Es ist zwar meine persönliche Geschichte, sie ist aber in vielem ziemlich allgemein. Wie die meisten Kinder musste ich die Umstände nehmen, wie sie kamen. Sich dagegen zu stellen, schien so aussichtslos, wie sich gegen die Mode zu stellen. Ich hätte mich nur zu einem traurigen Clown gemacht. Kindliche Unterwerfung kann das Ergebnis einer guten Erziehung sein. Ich habe aber keine gute Erziehung genossen, da irrte sich die Frau vom Flensburger Tageblatt. Gut und schlecht sind zwar relative Begriffe, aber gut passt nicht. Als Erstgeborener einer Tiefbau-Dynastie wurde mir zwar früh beigebracht, wie man Froschschenkel filetiert und dass im April Schluss ist mit Austern. All das ließ sich bei den Mahlzeiten erledigen. Ansonsten blieb wenig Zeit, um mich ins Leben einzuführen.

Die Ausflüge mit meinem Vater auf die Baustellen waren vermutlich als Erziehung für die Zukunft gemeint, aber dann kam der Konkurs und es gab keine Betriebsangehörigen mehr, die ich hätte anbrüllen können. Ich war ins Leere erzogen worden. Die Zukunft, die mir zugedacht worden war, gab es nicht mehr. Ziellos wanderte ich durch verwaiste Landschaften, bis ich zur Einsicht kam: Ich war das Problem.

Dass es vor dem Konkurs große Pläne für mein Leben gegeben hatte, beweisen Fotos aus der frühen Kindheit. Auf ihnen ist zu sehen, wie ich als Zweijähriger Ampeln schalte, mit denen der Autoverkehr um die Baustellen gelenkt wird. Ernst und zufrieden schaue ich auf das Gerät. Endlich konnte ich mich nützlich machen, nach den Jahren als plärrender Schnorrer. Mein Eifer stieß bald an Grenzen. Beim Bau einer U-Bahn-Station an den Landungsbrücken weigerten sich meine Beine, bis zum Ende der Strecke auf den Gleisen zu gehen, da es zwischen den Holzbalken aus der Perspektive eines Kindes zwanzig Meter abwärts ging. Im Blick des Vaters erkannte ich die Enttäuschung und dachte, er denkt: Was soll bloß aus dem Jungen werden? Dass er genau das dachte, steckten mir kurze Zeit später andere. Informiert durch seine besorgten Freunde, die die Erwartungen meines Vaters überzogen fanden, bemühte ich mich, mein Versagen wettzumachen. Besessen zeichnete ich Deiche, Tunnel und was sonst noch aufgeschüttet oder gegraben werden konnte, mit dem Stift auf Papier. Dadurch wurde alles noch schlimmer. Meine Mutter zog die Rollos runter, damit niemand sah, wie ich stundenlang die Pläne vorgestellter Städte entwarf, die sich statt um ein Rathaus um ein Kino gruppierten. Ich dachte: Andere Kinder malten normale Sachen und ich so komische Planquadrate. Darum musste man mich verstecken. Später verstand ich das wirkliche Problem: Bauzeichner galten als die armen Würstchen am unteren Ende der Leiter. Ich hatte mich sozial nach unten durchgerieselt.

Um die Enttäuschung meines Vaters verständlicher zu machen, muss ich erklären: Ich litt nicht nur unter Höhenangst und suchte das einfache Leben, ich war auch übergewichtig und schwitzte bereits als Kind wie jemand, der körperlich arbeitet. Hinzu kamen eine Rechtschreibschwäche und krumme Zähne.

Dass ich offensichtlich nicht der Prinz war, der erwartet wurde, sondern ein Reinfall, wollte ich ihm damit erklären: Ich stamme aus einer Affäre meiner Mutter und sei nicht sein leibliches Kind. Doch bevor ich eine Gelegenheit bekam, meinem Vater das zu sagen, in der Hoffnung, es würde ihn entlasten, kam der Konkurs. Und während ich darüber nachdachte, musste ich einsehen: Ich war an allem schuld gewesen. Da ich mich als Niete entpuppte, hatte mein Vater den Glauben an die Zukunft verloren und fuhr verzweifelt alles gegen die Wand.

Schuldgefühle wohnen in meinem Kopf direkt neben dem Größenwahn. Ich sah mich jetzt als Napoleon und hielt den Konkurs für meine Niederlage in der Schlacht bei Waterloo. In der Haltung des an Magenkrebs erkrankten Kaisers, mit einer schützend auf den Bereich unterhalb der Rippen gelegten Hand, während die zweite den Rücken stützte, ging ich jeden Tag zur Schule. Wer Napoleon als Idol wählte, galt 1975 als Problemkind. Man wies mich an, damit aufzuhören.

Statt in der Villa der Großeltern meine selbstgebaute Haubitze durch die Landschaft der toten Tiere zu schieben, bemalte ich jetzt bei einem Nachbarjungen Pappkartons mit Camouflage-Muster. Wir waren abgestiegen, aber zumindest der Krieg ging weiter. Mit den Großeltern vertrugen wir uns auch wieder. Jedenfalls erinnere ich, wie wir im Jahr nach dem Konkurs in ihrem Jagdhaus die Kapitulation der USA in Vietnam im Fernsehen sahen. Genau genommen sah ich sie nicht, da mich der Opa aus dem Zimmer schickte. Kinder sollten sowas noch nicht sehen. Wieso eigentlich? Da holte doch nur ein Helikopter auf dem Dach einer Botschaft ein paar Leute ab, wie ich beim Rausgehen noch mitbekam.

Mein Vater hatte jetzt kein Geld mehr. Geblieben waren

ihm aber einige Insignien seines vergangenen Lebens, wie der Siegelring, seine Mitgliedschaft im Überseeclub, der Dufflecoat von Ladage & Oelke oder die Pistolen im Tresor. Er ging auch weiterhin vor Silvester zur Jahresabschlussversammlung Eines Ehrbaren Kaufmanns zu Hamburg e.V. in die Handelskammer.

Der Konkurs bedeutete für meinen Vater ein unvorstellbares Drama und er verlor sechs Zähne. In meiner Erinnerung begann hingegen nach einer kurzen Phase der Verwirrung eine schöne Zeit. Unsere Garage wurde zum Büro umgebaut, in dem mein Bruder und ich mit Stempel und Durchschlagpapier spielten.

Für meinen Vater war der Neuanfang komplizierter. Als Prinz hatte ihn das Leben von Kindesbeinen an daran gewöhnt, sich um das Alltägliche nicht zu kümmern. Die Köchin kochte, der Gärtner gärtnerte, der Chauffeur brachte einen überall hin. Die Arbeiter gruben Löcher und die Buchhalterinnen rechneten ab. Geld spielte keine Rolle, es vermehrte sich wie die Karnickel, bis das Schloss plötzlich abbrannte.

Der Konkurs und die abrupte Abwesenheit des Geldes wie der Angestellten, es waren über 1500 gewesen, wirkten auf ihn verstörend. Zumindest das Autofahren hatte er trotz des Chauffeurs nicht verlernt. Doch obwohl er einige U-Bahn-Stationen hatte bauen lassen, wusste er nicht, wie man einen Fahrschein löst. Als es nun erforderlich wurde, drehte er, konfrontiert mit dem Automaten, fast durch. Am Ende nahmen wir ein Taxi, und der Fahrer ließ uns raus, ohne dass wir bezahlen mussten, einfach um meinen brüllenden Vater loszuwerden. Als wir zum ersten Mal mit ihm einen Supermarkt besuchten, betrachtete er das Schieben des Einkaufswagens als persönliche Beleidigung. Dass mir das gewöhnliche Leben gefiel, bewies nochmals meine Minderwertigkeit. Als Jugendlicher sagte ich später Ja zu ihr und versuchte, einen Umgang damit zu finden. Eine

Weile stellte ich mir vor, ich würde ein Proll werden, der auf dem Bau arbeitet und am Freitag mit einer geilen Karre in seinen Kleingarten fährt, um sich dort anständig zu besaufen. Es reichte aber nicht zum Bauarbeiter, da ich zwei linke Hände habe. Da ich stattdessen etwas benommen durch den Dschungel der Zeichen schlafwandelte, wird mir oft gesagt, ich schreibe, als ereigne sich alles im Traum. Aber auf eine Art hat sich das Leben für mich schon als Kind so angefühlt, dass ich nicht genau wusste, was gerade wirklich ist und wo die Vorstellung beginnt.

An einem Sonntag 1975, im Jahr nach dem Konkurs, klingelte es vormittags an der Tür. Wir waren schon in Schale geschmissen, da mein Vater darauf bestand, anständige Leute seien ab neun Uhr auf Besuch vorbereitet. Draußen stand Susanne mit ihrem Vater. Wir gingen zusammen in die dritte Klasse, hatten aber wenig Kontakt. Der fremde Vater bat darum, eintreten zu dürfen. Mein Vater verkniff sich zu fragen, warum er keine Krawatte trug. Dass es ihm missfiel, merkte ich deutlich. Als wir am Wohnzimmertisch saßen, der bereits eingedeckt war, erklärte der Gast: Ich hätte gemeinsam mit zwei anderen Jungs versucht, Susanne mit einer Angelschnur aus Nylon in der Schultoilette aufzuhängen. Susanne musste ihren Rollkragen herunterrollen, darunter wurde eine rote Linie rund um ihren Hals sichtbar.

Die Situation verunsicherte mich. In meinen Träumen brachte ich regelmäßig Menschen um. Nicht, dass ich sie eindeutig ermordete, aber sie kamen zu Tode, und ich war, durch Ungeschick oder da ich zu spät kam, schuld daran. An einen Vorfall mit Susanne konnte ich mich aber nicht erinnern. Da ich in meinem Leben jedoch leicht die Übersicht verlor, war ich nicht sicher und saß nur still da. Mein Vater sagte, für ihn sei das schwer vorstellbar. Es wäre aber übertrieben zu behaupten, er hätte mich in Schutz genommen. Nachdem Susanne und ihr Vater gegangen waren, fragte er mich, ob ich es nicht doch getan hätte und nur nicht zugeben wolle, was er schon verstehen könnte. Für mich blieb die Situation unklar und ich verbrachte den Tag in gedrückter Stimmung.

Am Abend rief Susannes Vater nochmal an. Seine Tochter habe inzwischen gestanden, zu der Strangulation sei es beim Spielen mit ihrer Schwester gekommen und aus Angst vor Strafe hätte sie die Geschichte erfunden.

Es war eine kurze Erleichterung, doch meine Schuldgefühle blieben. Um so viel Schuld zu haben, wie ich mir mittlerweile vorwarf, hätte ich im Besitz einer Macht sein müssen, die jene, die ich besaß, bei weitem übertraf. In meiner Überschätzung wurde ich mittlerweile zu einem sechs Meter großen Napoleon, den ich aber nicht zeigte, sondern mich, um ihn zu tarnen, sogar übertrieben bescheiden gab.

Nach dem Konkurs wurde mein Vater nicht Postbote, sondern gründete eine neue Firma, die auf den Namen meiner Mutter lief, da ihm noch die Hände gebunden waren. Die Firma sollte flexibel wirken und ganz unterschiedliche Dinge tun, darum nannte er sie Mobilia. Einer der ersten größeren Aufträge der Mobilia war Anfang 1976 die Bekämpfung einer Krise. Konkret ging es um das Zurückpumpen von Wasser nach einem Deichbruch in der Haseldorfer Marsch. Ein für unsere Verhältnisse etwas wild wirkender Onkel zweiten Grades, der gerade als Fluchthelfer an der Zonengrenze etwas Schlimmes erlebt hatte, wurde eingestellt, und ich durfte an den Wochenenden mithelfen. Unsere Arbeit bestand darin, die Pumpen beim Absaugen zu überwachen und mit dem Rückgang des Wassers den Schlauch zu verlängern. Mir gefiel das. Mein Vater wirkte auch viel zugänglicher, seit ich für ihn arbeitete. Wir verbrachten jetzt viele Stunden und sogar ganze Tage miteinander und aßen Schokolade neben der Pumpe. Die schöne Zeit sollte aber nicht ewig dauern. Nach einigen Wochen schwamm das Wasser wieder im Meer und ich kehrte zurück in die vertraute Nutzlosigkeit. Was sollte ich jetzt mit mir anfangen?

In den Jahren nach dem Konkurs hatten wir kein Geld und ich konnte mir nicht mal eine andere Persönlichkeit kaufen. Aufgewachsen in einer Welt, in der alles einen Preis hat, bestand die Herausforderung nun darin, mich umsonst in einen anderen zu verwandeln. Aber wer sollte aus einem dicken, tollpatschigen Jungen, der schüchtern in der Ecke stand und lieber liegen wollte, werden?

Mit dem eleganten Auftritt meines Vaters konnte ich nicht mithalten. Obwohl in der Familienkasse weiter Ebbe herrschte, wurden für ihn weiterhin die besten Kleider gekauft. Sanken wir einmal tief in den Dispo, holte er sich schnell noch einen schneidigen Anzug bei Ladage & Oelke. Im feinen Zwirn konnte er leichter nach den Dingen greifen, und das tat er nur für uns. Unser Leben über die Verhältnisse war schuld, dass er wie aus dem Ei gepellt durch die Gegend rasen musste, um hechelnd neues Geld zu besorgen. Auf den Fotos aus dieser Zeit sehe ich trotz meiner Gier etwas nachdenklich aus, dachte aber im Zweifel an Wachteleier. Der große Hunger, verbunden mit dem Bewusstsein, dass ich autark werden musste, ging so weit, dass ich anfing, Essen zu horten, da ich fürchtete, von der Versorgung abgeschnitten zu werden. Meine geheimen Vorratslager flogen auf, als ein Camembert-Depot hinter meinen Büchern verschimmelte und sich im Zimmer ein übler Geruch auszubreiten begann.

Nach der Endlichkeit des Glücks im Katastrophenschutz eröffneten sich bald neue Möglichkeiten. Peter, der Onkel zweiten Grades, mit dem ich an der Pumpe gestanden hatte, handelte mittlerweile mit Ersatzteilen von Autos. Das hatte sich aus einem Geschäft ergeben, das sein Vater Hans-Helmut 1928, nachdem er erfolgreich sein eigenes

Auto ausgeschlachtet hatte, begonnen und international ausgeweitet hatte. Als Nebenzweig des gut vernetzten Familienunternehmens gründeten wir beide eine Firma, die mit Altbeständen aus der französischen Armee handelte. Der Onkel zweiten Grades besorgte die Ware und ich verkaufte sie auf dem Schulhof. Unser Verkaufsschlager waren Munitionskisten, von denen ich behauptete, es seien coole Möbel. In dieser Firma habe ich als Zehnjähriger Buchführung gelernt. In langen Spalten aus Summen und Salden kontrollierte ich nach den Anweisungen meines Unmengen Roth-Händle rauchenden Kompagnons gewissenhaft unsere Geschäfte. Wie unsere Firma sich auflöste, erinnere ich nicht mehr. Meinen ersten Wunschvater habe ich anschließend aus den Augen verloren. Es hieß, er irrte etwas haltlos durchs Leben und trank zu viel. Dann war er plötzlich tot.

Mein Vater war auch maßlos, das betraf nicht den Alkohol, aber vieles andere. Unser Leben wurde von seinem Ehrgeiz und Hunger nach Aufmerksamkeit durch die Zeit gespült. Er wollte, dass wir es guthatten, aber noch viel mehr wollte er der Gesellschaft und besonders den eigenen Eltern seine Unschuld am Konkurs der Familienfirma durch neue Erfolge beweisen. Meine Mutter hatte dafür Verständnis und forderte uns auf, unser Dasein dem Vorhaben des Vaters unterzuordnen. Er wurde auch schnell wieder wer, blieb aber weit entfernt von jenem, der er gewesen war. Über die Jahre wurde immer offensichtlicher, wie sehr ihn das belastete. Er versuchte, mehr darzustellen, indem er sich geheimnisvoll und undurchsichtig gab.

Seine Firma, die Mobilia, wechselte nach der Episode im Katastrophenschutz und einem Umweg über den Handel mit Kork-Produkten ins Outsourcing-Geschäft. Der damals noch völlig neue Begriff bedeutete, der Kunde sollte sich auf sein Kerngeschäft konzentrieren und Mobilia kümmerte sich um den Rest. Das Konzept kam aus Amerika.

Bei der Mobilia hatte es mit Maschinen zu tun, die direkt aus Kafkas Erzählung *In der Strafkolonie* zu stammen schienen. In der eindrucksvollen Entrindungsmaschine transportierten mit spitzen Pickeln ornamentierte Eisenwalzen Baumstämme in einen Tunnel aus Messern, wo ihnen die Rinde abgezogen wurde, damit aus den geschälten Hölzern Papier hergestellt werden konnte. Als ein betrunkener Arbeiter in die Maschine fiel, wurde der Albtraum wahr, den ich mir vorgestellt hatte, und brannte sich in mein Gedächtnis. Stille Unheimlichkeit atmeten auch die nach Entwürfen meines Vaters gebauten Entwässerungscontainer, in denen die Rückstände der Papierherstellung vom Wasser getrennt wurden, bis der morbide wirkende Rest des Trockenvorgangs auf einer Deponie entsorgt werden konnte. Auf dem Friedhof für Industrieschlamm in Klein Nordende spielte ich oft Fußball.

Irgendwann bekam mein Vater den Auftrag, zwei Meter lange Balken auf einen Meter zu kürzen, da die Fabrik nur kurze Hölzer verarbeiten konnte. Gebaut wurde die riesige Guillotine nach Entwürfen des Vaters von einem Schmied. Große Greifer fassten die Balken eng, schnell senkte sich eine Kettensäge auf das Bündel. Bei einem der Testläufe, zu dem ich meinen Vater begleitete, riss die lange Kette, schleuderte wie eine gigantische Peitsche über den Hof und verfehlte uns nur knapp. Es war ein aufregendes Leben und ich hielt meinen Vater für Daniel Düsentrieb.

Zum Wendepunkt sollte das Osterfest werden, als die Mobilia den Auftrag erhielt, das Innere der Walzen zu reinigen, über die das Papier lief, um am Ende der Fertigung abzukühlen. Da alle Arbeiter zu groß waren, um in das Innere der Walzen zu steigen, wo die Kalkablagerungen des Kühlwassers entfernt werden sollten, und dem Vater keine Maschine einfiel, die das tun konnte, wurde mir und meinem besten Freund Danni der Reinigungsjob angeboten. Begeistert sagten wir zu. Am Ostersamstag fuhren wir mit meinem Vater um fünf Uhr morgens in die Fabrik. Dort dauerte es nicht lange, bis wir bewaffnet mit den Elektrohämmern in die Walze stiegen, die wie ein U-Boot aussah. Im Inneren wartete Arbeit wie im Steinbruch. Trotz Gehörschutz verstärkte sich der Schall brutal in dem runden Resonanzkörper, eine MRT-Röhre dröhnt dagegen harmlos. Nach drei Stunden lag ich völlig erschöpft am Boden zwischen den heruntergeschlagenen Ablagerungen. Danni, der Zähere von uns beiden, hielt etwas länger durch. Aber irgendwann war auch sein Kinderwunsch, alles richtig zu machen, gebrochen. Kalkweiß und schweißüberströmt stiegen wir aus der Walze. Es war der Tag, an dem mein Verhältnis zur Arbeit nachhaltig ruiniert wurde. Nicht, dass ich seitdem dagegen bin, ich hielt mich einfach für unfähig und dachte, ich müsste vor ihr flüchten, damit das nicht weiter auffiel.

Aus dem Jahr 1976 stammt noch ein anderes Foto. Im Zweifel habe ich es gemacht. Jedenfalls bin ich nicht im Bild, muss aber dabei gewesen sein. Die Aufnahme entstand bei Danni auf der Weide hinter dem Haus. Rechts im Bild steht Danni und in der Mitte Ralf, mit dem wir beide befreundet waren, und links mein Bruder Jan, den ich damals überallhin mitnahm. Es ist Sommer, alle drei tragen kurze Hosen zu nacktem Oberkörper und posieren in einer merkwürdigen Haltung mit nach oben angewinkelten Armen zu leicht verdrehtem Oberkörper. Im Hintergrund liegt eine abfallende Landschaft, im norddeutschen Sinne ein Tal, das »der Grund« genannt wurde.

Wir gruben in diesem Sommer eine Steinzeithöhle, die wir mit Alufolie gegen radioaktive Strahlen sicherten. Ich buddelte sowieso die ganze Zeit und wollte ja nichts sagen, sagte dann aber doch, ich sei Chef, damit meine Schwäche bei der Handarbeit nicht so auffiel. Ralf hatte es auch mit Erdlöchern und wurde später Geologe. Jan und Danni sind inzwischen tot.

Warum Danni Danni hieß, weiß ich nicht. Auf dem Papier stand Stefan, aber das sagte niemand. Seine Eltern nannten mich Hanze. Sie betrieben ein etwas dunkles, sehr sauberes Lokal, in dem ich oft saß, da ich mich dort wohl fühlte. Es war ein wenig besuchter Ort mit einigen Stammgästen aus der Nachbarschaft, einigen Alkoholikern, die Pegel hielten, und wechselnden jungen Frauen aus einem Heim für gefallene Mädchen. So wurde das langgestreckte Haus gegenüber der Kneipe jedenfalls genannt, obwohl ein anderer Begriff an der Tür stand.

Die Motive für das Lokal blieben etwas unklar. Der Umsatz dürfte bei der Entscheidung keine Rolle gespielt haben, er wirkte nicht besonders hoch. Dannis Vater ging auch jeden Tag in eine Firma, die gestickte Abzeichen produzierte, und verdiente dazu. Seine Mutter hatte das Haus mit viel Land von der Oma, die noch im Schaukelstuhl in der Stube saß. Die Familie hatte, was zum Leben gebraucht wurde. Das Lokal bildete eine weitere Verpflichtung und das Ideal, ständig zu arbeiten. Als besonders vorbildlich galt der Besitzer des anderen Gasthofs in unserem Ort. Kalle Pieper bestellte am Morgen als Bauer das Feld, am Vormittag trug er als Postbote in einem gelben Kastenwagen die Pakete aus, ab vier wurde er zum Wirt und zapfte Bier. Anständige Leute hatten zwei oder drei Tätigkeiten neben der Freiwilligen Feuerwehr. Bei Kalle Pieper kam hinzu, dass er in den Gasthof eingeheiratet hatte und sein mangelndes Kapital durch Arbeit ausgleichen musste. Alles außer der Arbeit galt nach dem Besitz wenig, außer Kuchen am Nachmittag und im Sommer zwei Wochen Urlaub.

Da der schmale Umsatz aus dem Verkauf von Bier, Schnaps und Bauernfrühstück kein Personal erlaubte, bewirteten die Eltern selbst und auch Danni schenkte aus, seitdem er ein Tablett halten konnte. Ich habe diese Welt, das alte Haus, den Gemüsegarten dahinter, die Weide mit den Ponys und die Gastwirtschaft geliebt und manchmal glaube ich, die Freundschaft mit Danni rettete mir als Kind das Leben. Die Wirklichkeit in seiner Familie schien klar. War der Rhabarber reif, gab es Rhabarberkuchen. Ich kam aus komplizierteren Verhältnissen, in denen es einen Kuchen gab, den die anderen gerade nicht aßen, um etwas Besonderes darzustellen. Bei dieser Darstellung blieb ich ansonsten eher im Schatten und konnte vieles nicht, wie Fußballspielen oder Reiten. Danni störte das nicht. Oft saßen wir beide aber einfach in der Schankstube und warteten auf die Gäste, die ab vier eintrudelten. Wenn Fremde die Wirtschaft betraten, was selten vorkam, verglichen wir ihre Gesichter mit den jüngsten Fahndungen bei Aktenzeichen XY. Irgendwo unterwegs zu sein und in ein Lokal zu gehen, schien verdächtig.

Was das Wort Alkoholismus bedeutet, verstand ich als Kind noch nicht, obwohl ich viel damit zu tun hatte. Zwei Jahre vor der Aufnahme des Fotos beim Bau der Steinzeithöhle war meine Oma gestorben. Da meine Mutter oft Verpflichtungen an der Seite ihres erfolgreichen Mannes hatte und lange Zeit im Krankenhaus lag, verbrachte ich viel Zeit bei ihrer Mutter. Bei dieser Oma gab es keine Waffen, wie bei den Eltern meines Vaters, aber sie war sehr lieb und half mir bei den Uniformen, die ich brauchte, um mich in Napoleon oder Friedrich Freiherr von der Trenck, meine anderen Persönlichkeiten, einzufühlen.

An einem Nachmittag, an dem wir keine Kostüme nähten, spielte ich im Keller und entdeckte einen Ausweis meines Großvaters, der mit einem Hakenkreuz gestempelt war. Das Dokument verstörte mich, da ich wusste, der Vater meines Großvaters war 1933 im Zuge der Gleichschaltung aus dem Dienst entlassen worden und wurde später in »Schutzhaft« genommen. Nach dem Fund fragte ich meine Mutter, was gewesen war. Sie erklärte mir: Ihr Vater habe versucht, seinen Vater zu schützen, indem er zum Mitläufer wurde. Als Nebeneffekt seiner Anpassung machte er eine

Karriere, die nach dem Krieg weiter nach oben ging. Der Ausweis, der vermutlich kein Parteibuch war, sondern ein gewöhnlicher Personalausweis, wurde Teil von dem dicken Brei des Nicht-wirklich-Wissens-aber-etwas-Ahnens, der in meinem Kopf umherschwappte.

Dass meine Großmutter Lotti oft traurig wirkte, fiel mir auf. Ich dachte mir aber nichts dabei. Die Erwachsenen waren halt anders. Bis heute habe ich ihren Geruch in der Nase, der an Kölnisch Wasser erinnert, aber ein anderer war. Nonna, wie wir sie nannten, wegen ihrer italienischen Freunde, führte ein einsames Leben an der Seite ihres kühlen Mannes, der sich zuerst mit dem eigenen Fortkommen befasste und sich ansonsten dafür interessierte, gut auszusehen. Zuhause umarmte er lieber Akten, die er aus dem Büro mitgebracht hatte. Auch bekam ich einmal mit, wie hinter vorgehaltener Hand gesagt wurde, Nonna, die ein nordisches Gesicht hatte, sei die zeitgemäße Wahl gewesen, als ihre jüdische Vorgängerin in den Dreißigerjahren nicht mehr zu Opas Karriere passte. Verstanden habe ich es nicht, aber es verfing sich in der Erinnerung.

Gegen ihre Einsamkeit in dem sonnendurchfluteten Haus, das mit der Braun-Stereoanlage, dänischem Design und dem Farbfernseher moderner eingerichtet wirkte als das meiner Eltern, tröstete sich Nonna mit in der Speisekammer versteckten Flaschen eines günstigen Fusels, bis ihre Leber mit Ende fünfzig versagte. Dass sie plötzlich nicht mehr da war, hinterließ ein schwarzes Loch.

Zwei Jahre später sah ich mit Jan bei Großonkel Hans-Helmut, dem Bruder meiner verstorbenen Nonna Lotti, »The War of the Worlds«, den Kampf, bei dem Muhammad Ali in Tokyo gegen den Ringer Antonio Inoki kämpfte. Es war die Verknüpfung zweier nicht zueinander passender Kampfsportarten. Inoki griff meist auf Kniehöhe an und Ali wusste nicht, wie er seinen Gegner boxen sollte. Als der Kampf im Morgengrauen endete, ging ich in die Küche und traf im Flur den weinenden Großonkel, der vom Totenbett seiner in der Nacht gestorbenen Mutter Agnes kam. Es war noch niemand wach und ich war der Erste, der ihm, der für mich den Inbegriff der Souveränität verkörperte, mit tränenüberströmtem Gesicht begegnete. Ich erinnere mich bis heute an meine Hilflosigkeit in diesem Moment. Agnes war ein Vorbild in der Familie, da sie immer so gut angezogen war und eine Geldsortiermaschine für die Handtasche erfunden hatte. Es hieß, sie habe noch in den schwersten Momenten ihres Lebens gelächelt, nur einmal, kurz bevor sie starb, sei sie zur Furie geworden, als sie meinen Großvater für das Ende ihrer Tochter schuldig sprach. Weil er sie nicht geliebt habe, habe sie sich zu Tode getrunken.

Die Trinkenden in der Kneipe der Eltern von Danni wurden im Verlauf des Abends erst immer drolliger und dann etwas unheimlich. Doch ihr Kontrollverlust zog uns an, da er die kontrollierte Wirklichkeit unterbrach, in der wir lebten, und wo etwas unter dem Deckel gehalten wurde. Rückblickend denke ich, dass das Schweigen die Angstlust unserer Kindheit formte. Wir wuchsen in einem Komplex des Ungesagten auf, in dem die Wände murmelten. Deshalb zogen uns Überschreitungen und die, die gegen die Regeln verstießen, selbst wenn sie bedrohlich wirkten, magisch an. Im selben Moment rettete sich unsere Angst, die Wahrheit könnte ans Licht kommen, in vorgestellte Gegenwelten.

1977, im Jahr nach dem Bau unserer Steinzeithöhle, explodierte Punk. Für unsere Fantasie bedeutete der kurze Sommer der Musik aus England die perfekte Fortsetzung der Kostüm- und Abenteuerfilme und des Slapsticks, den wir jahrelang gesehen hatten. Sid Vicious erschien uns als ein dunkler Wiedergänger von Dick und Doof, mehr Doof als Dick und voll auf der Höhe der Zeit. Der etwas debile

Bassist, den wir verehrten, stellte eine genauso kaputte wie fantastische Slapstick-Figur dar. Seine kühle Bösartigkeit faszinierte uns, wie sein Wille zur Selbstvernichtung. Gab es überhaupt eine andere Möglichkeit, ehrlich mit einem Leben umzugehen, das so verlogen wirkte, als sich auszulöschen? Vicious trug ein Hakenkreuz-Shirt und musizierte an der Copacabana mit dem Nazi Martin Bormann. Er umarmte das Unheimliche, dass unsere 68er-Lehrer, die immer auf die anderen zeigten, nicht zu bannen wussten. Sid, der sich als möglicher Nazi vorführte, wirkte ehrlich, während die Lehrer logen.

Die Kindheit verabschiedete sich im Herbst 1977. Morgens hörte ich Radio und wenn ich mittags aus der Schule kam, brachte ich mich sofort auf den letzten Stand. Erst später begriff ich langsam: Ein SS-Untersturmführer, der die Arisierung besetzter Gebiete vorangetrieben hatte und in der BRD zum Arbeitgeberpräsidenten aufstieg, war von der Roten Armee Fraktion entführt worden. Die zweite Figur, ein Oberleutnant der Wehrmacht, der jetzt als sozialdemokratischer Bundeskanzler diente, lehnte es ab, dass der Staat erpressbar sein könnte, und ließ tausende von Polizisten im ganzen Land Autos stoppen und mit vorgehaltenen Maschinengewehren Wohnungen durchsuchen. Die zugespitzte Situation wirkte verstörend und es fühlte sich fast wie eine Erlösung von der unerträglichen Spannung an, als Hanns Martin Schleyer nach einigen Wochen kurz hinter der französischen Grenze im Kofferraum eines Audi 100 tot aufgefunden wurde. Kurz vorher hatten die Schließer die RAF-Häftlinge, die im Tausch gegen Schleyer freigepresst werden sollten, erschossen oder erhängt in ihren Zellen im Hochsicherheitsgefängnis in Stuttgart-Stammheim entdeckt.

Anfang 1978, als der Schock des heißen Herbstes noch schwer auf Deutschland lastete, las ich über den Tunix-Kongress in Berlin. Es hatte wenig mit dem Leben eines

Elfjährigen zu tun, der gerade seine Kinderschaufel gegen eine Plattensammlung tauschte, blieb aber haften. Da die Erinnerung seltsam schien, habe ich heute im Internet geprüft, ob der Artikel *Es ist noch ganz schön weit nach Tunix* in der Musikzeitschrift Sounds überhaupt abgedruckt worden war, und stellte fest, es hatte ihn nicht nur in meinem Kopf gegeben. Tunix bedeutete etwas anderes als den Übergang in eine Wirklichkeit, in der niemand mehr arbeiten musste. Der Kongress im Winter nach dem Albtraum der Gewalt wurde von über 15.000 Menschen besucht. Die riesige Zusammenkunft, um herauszufinden, wie es nach dem Scheitern des bewaffneten Kampfes weitergehen konnte, markierte den Anfang von vielem, mit dem ich erwachsen werden sollte, sei es die autonome Bewegung oder die Bücher des Merve Verlags. Noch waren diese Wirklichkeiten für mich nur eine atmosphärische Hülle, die Ahnung einer anderen Welt, die es geben könnte und zu der es mich hinzog, mochte ich ihren Inhalt auch nicht verstehen.

Die Lila Wildsau schrieb gegen Atomkraft, den Krieg oder den Radikalenerlass, doch am aufgeregtesten diskutierte die Schülerzeitschrift das juristische Recht auf Sex für Minderjährige, selbst wenn der noch auf einem anderen Planeten stattfand.

Einige Male wurde ich von einem Nachbarsjungen, der vier Jahre älter war, zu den Redaktionstreffen mitgenommen. Es handelte sich um harmlose Sitzungen auf dem Boden. In selbstgefärbter Kleidung wurde im Kreis Tee getrunken und diskutiert, für einen Moment erschien das aufregend, aber es war auch das Programm der Älteren. Die Alternativbewegung war für uns Jüngere keine Möglichkeit. Wir suchten etwas Härteres und wollten keine Lösung, sondern Teil des Problems bleiben.

»Bukowski hielt Mickey Mouse für einen Nazi.« Das hatte Charles Bukowski geschrieben. Der Schriftsteller kam 1978 nach Hamburg, für eine Lesung in der Markthalle am Hauptbahnhof. Obwohl ich da noch nicht hindurfte, verschlang ich seine Bücher. Alle Jungs, die ich gut fand, lasen Bukowski, der so obszön amerikanisch und ohne Hoffnung war. Er wurde aber vor allem das Vorbild für Danni, der so werden wollte, wenn er einmal groß war. Bukowski schien der Gegenspieler seines Vaters. Um so zu schreiben, musste er aber zuerst noch einiges erleben, womit er meinte, viel zu trinken. Er fing bald damit an, es stand genug im Keller seiner Eltern.

Auf den Audiokassetten, die wir zwei Jahre später hörten, fand sich fast immer eine Liebeserklärung an das billige Bier von Aldi. Der Mitgröhler *Karlsquell* von der Band Slime traf unser Lebensgefühl und den Wunsch, sich wegzuschießen, bis die Welt unterging.

Es heißt, mit fünfzehn soll die Empfänglichkeit für Musik am intensivsten sein. Zum Glück war ich 1980, im Jahr von *Karlsquell*, erst vierzehn. Getrunken habe ich trotzdem und tue es bis heute, wurde aber selten betrunken, da ich den Kontrollverlust als unheimlich erlebe. Wenn es doch einmal dazu kam, endete die Sache entsetzlich und ich schämte mich wochenlang für meine Haltlosigkeit. Darum trank ich moderat und sozial verträglich. Ich trank, um zu ertragen. Danni, der gesünder und ein durchtrainierter Sportler war, hatte kein Problem, viel zu trinken. Wir wollten aber nicht nur uns selbst ruinieren, sondern auch unsere Umgebung. Dannis subversive Aktionen fielen dabei weniger verdreht aus als meine Ideen, die niemand richtig verstand. Seine Mutter besaß eine abgelegene Pferdeweide, auf der ein kleiner Stall stand. Mit ein paar Paletten *Karlsquell* und einem Ghettoblaster veranstaltete er dort an Freitagen Gegenveranstaltungen zur Kirchen-Disco. Die schnell sehr beliebten Partys verspotteten unsere Vorstadtidylle, als sechzig Teenager sturzbetrunken im Schlamm wankten und der Name einer Punkband aus unserem Freundeskreis, Patent-Wix-Oral, bestimmte Handlungen am Rand beschrieb. Diese Überschreitungen fanden aber öfter ohne mich statt, da es mir schwerfiel, mich gehen zu lassen. Hinzu kam, die Mobilia sollte rund um die Uhr erreichbar sein und mein Bruder konnte noch nicht allein zuhause bleiben, die Eltern wollten aber ausgehen. Also blieb ich oft bei ihm und dem Telefon, kümmerte mich und war auch ein wenig froh, als verklemmter Partyschreck unsichtbar zu bleiben. Danni schien hingegen enttäuscht und fühlte sich von mir allein gelassen, blieb aber letztlich verständnisvoll. Und ich brauchte jemanden, der mich so nahm, wie ich war.

Damals lebte ich einen Großteil meiner Zeit im Kopf, wo die Fantasie unabhängig walten konnte. Neben langen chinesischen Drachen, mit denen ich in Tagträumen Polizeihubschrauber zum Absturz brachte, stellte ich mir den Bau von Rohrbomben vor. Wieder zog ich Danni in die Sache rein, ging aber so chaotisch mit den Chemikalien um, dass es zu einer ungeplanten Reaktion kam und der beste Freund fast ein Auge verlor. Sein Vater zweifelte zunehmend an seinem Umgang und erkannte in mir den Wohlstandsverwahrlosten.

Angeregt waren meine Fantasien neben den Mythen um die Roten Zellen von einem Buch, das ich auf dem Dachboden gefunden hatte: *Die sechs Militärischen Schriften* von Mao Tse-Tung in einer Ausgabe mit rotem Kunststoffumschlag. Als ich ihn öffnete, wurde mir der Name meines Vaters bewusst, den er auf die Schmutztitel all seiner Bücher gestempelt hatte. Auch mir hatte er diesen Hermann, den schon mein Großvater getragen hatte, zwischen Vor- und Nachnamen geklemmt. *Heer Mann* bezeichnete ursprünglich Soldaten, Krieger und Kämpfer. Die Mao-Bibel passte aber nicht zu meinem Vater, obwohl sein Name darinstand. Mit 1968 hatte er nichts am Hut gehabt, da er als Dreißigjähriger schon Chef und Familienvater mit Häuschen war. Gedient hatte er auch nicht, wegen eines kaputten Rückens. Ein Stratege war er hingegen schon. Für mich legte die militärische Poesie des Großen Vorsitzenden das Fundament meiner späteren Faszination für Carl von Clausewitz' *Vom Kriege*, Carl Schmitts *Theorie des Partisanen* oder für das *Kriegsspiel* von Guy Debord. In den Bildern vom Krieg hatte ich schon lange Zuflucht gefunden, in kleinen Schritten kam nun die Theorie dazu. Durch Maos östliche Philosophie wurde mein Denken noch komplizierter. Nichts konnte sein, was es war. Ein Rückzug meinte keinen Rückzug, sondern ein taktisches Ausweichen der Partisanen, die in den Bergen warteten, bis der tobende Tiger im Tal erschöpft zu Boden ging und sie den müden Gegner angreifen konnten.

Meine von Mao geprägte Vorstellung von der Revolution war aber etwas bodenlos, da Danni und ich davon ausgingen, dass es in der Zukunft keine Arbeit für uns gäbe. Wir würden in das Heer der Überflüssigen eintreten. Dort würden wir zwar mit eng geschnürtem Gürtel überleben, könnten aber, wo es keine Arbeit gab, auch keine Proletarier werden. Die vorgestellte Arbeitslosigkeit passte andererseits, weil wir Arbeit für die Verblendung unserer Eltern hielten. Wir hingegen wären in der Zukunft arbeitslos und würden Zeit haben, um über alles nachzudenken. Da wir es nicht anders kannten, als immer etwas zu tun zu haben, arbeiteten Danni und ich ganz gern, wenn auch ohne großen Ehrgeiz, etwas zu erreichen. Mit dem Tag meiner Volljährigkeit lösten sich zwar nicht meine Widersprüche auf, aber ich setzte mich dann in das Kunststudium ab. Es versprach ein Leben, in dem meine Dysfunktionalität einen Ort finden könnte. Danni und ich sahen uns zwar noch, es wurde aber weniger und ihn nervte zunehmend, wie sehr ich mich durch die Kunst um mich selbst drehte. Er sagte das auch. Ich gebe zu, ich war wirklich eine Zeit lang unfähig, mich für etwas anderes zu interessieren. Die Kunst wurde mein Fluchtpunkt. Danni ging hingegen gerne unter

Leute und trank Bier. Manchmal kam ich mir wie ein Verräter vor. War Kunst in unseren Augen nicht gerade noch bürgerlicher Müll gewesen? Jetzt fand ich ausgerechnet in diesem Quatsch eine Sprache, in der ich mich verteidigen konnte.

Dass Danni trotz einiger Anläufe keinen Fluchtpunkt außer dem Alkohol und einer Idee vom unsterblichen Punk fand, war für mich schwer zu ertragen. Aber ich brauchte alle Kraft für die Suche nach meiner Unabhängigkeit. Dass ich die Verbindung zu Danni nicht halten konnte, hatte, glaube ich, auch damit zu tun, dass der Freund ein Spiegel war, in den ich nicht schauen konnte. Heute denke ich, in seiner Anhänglichkeit an die eigenen Eltern lag eine Sehnsucht nach Liebe, die sich nie erfüllen konnte. Erkannte ich mich darin wieder? Er blieb und wartete. Ich ging ebenfalls nicht weit weg, weil Schuldgefühle mir flüsterten, ich solle mich um meine Mutter kümmern, da sie ohne mich verloren wäre. Teilten Danni und ich diese Loyalität, die auf dem Fundament einer unerfüllten Sehnsucht ruhte? Wir haben nie darüber gesprochen und waren noch zu jung, um uns zu verstehen. Auch haben wir zuhause wenig anderes gelernt, als unsere Gefühle wegzudrücken.

Zu den Methoden des Verdrängens gehörte neben der Arbeit und dem Trinken die Aufnahme von immer mehr Schulden, wodurch wieder frisches Geld in die Kasse kam, mit dem über die Verhältnisse konsumiert werden konnte. Ich wollte mich aber nicht verschulden, da ich schon genug an meinen Schuldgefühlen trug, und entschied mich lieber für das Sparsame, das ständig seine Limits auslotete. Die Vorstellung, gegen den Siegeszug eines entgrenzten, auf Schulden gebauten Kapitalismus weniger zu verbrauchen, weniger anzupacken, die Heizung runterzudrehen, alte Sachen zu verwenden und sich wenig zu bewegen, war aus heutiger Sicht nicht falsch, doch ein im doppelten Sinne bescheidener Ansatz, über den der große Zug der Zerstörung einfach hinwegfuhr. Ab den späten Neunzigerjahren fühlte ich mich mit meiner Enthaltsamkeit zwischen den Jüngeren, von denen viele wieder heiter konsumierten, langsam so muffig und altbacken, dass die Entsagung nach und nach weichgespült wurde.

Erst jüngst, vierzig Jahre später, kam die Formel vom ewigen Wachstum durch mehr Konsum zunehmend ins Stolpern. In Deutschland verlor sie an Bodenhaftung, da die Energie nach der Abgrenzung zu Russland infolge des Krieges in der Ukraine zu teuer wurde, um einfach mit immer neuen Schulden wie gehabt weiterzumachen. Doch fragte ich mich, müsste die Wirtschaft noch viel langsamer werden und noch mehr Konzerne Deutschland verlassen, damit die Deindustrialisierung zum bisher verpassten Schnitt in der Geschichte werden könnte? Und während ich mir ein Land ohne Thyssen, Krupp und die Deutsche Bank ausmalte, hörte ich plötzlich ein altes Lied: »Deutschland muss sterben, damit wir leben können.« Mit ihm verband sich vor vierzig Jahren eine ganz andere Vorstellung, aber warum sollte Deutschland jetzt nicht sterben, indem das Kapital wie ein scheues Reh die Lichtung verließ?

Als Slime 1980 das *Deutschlandlied* komponierte, lag eine extreme Spannung in der Luft. Die Wut tobte gegen die brutale Durchsetzung der AKWs, den Nato-Doppelbeschluss oder die Kanzlerkandidatur von Franz Josef Strauß. In Hamburg waren diese politischen Kämpfe ganz gegenwärtig. Die Gewalt der unheimlichen Verhältnisse beschränkte sich nicht allein auf Straßenschlachten mit der Polizei, sie durchdrang das tägliche Leben. Jederzeit konnte man überall eins auf die Fresse bekommen. Schleichend zersetzt wurde das Aufbegehren gegen die Wirklichkeit in den Jahren danach von den Grünen. Sie und besonders die »Realos«, mit ihrem Willen zur Anerkennung der herrschenden Wirklichkeit, dem »Sachzwang«, spalteten den Widerstand, bis die Kraft des Nein verloren ging und als Spinner galt, wer immer noch an die Verneinung der falschen Wirklichkeit glaubte.

Beau Rivage, Genf, den 11. Oktober 1987. Der Journalist klopfte an die Tür des Zimmers 317. Als aus dem Inneren niemand antwortete, drückte er den Knauf. Da nicht abgeschlossen war, trat er ein. Er sah nur ein leeres Bett und verließ das Zimmer wieder. Später kehrte er zurück, um die auf dem Bett verstreuten Notizen zu lesen. Erst als er zum dritten Mal an diesem Morgen das Zimmer betrat, ging er ins Bad. Dort musste er feststellen, der Plan, ein Interview mit dem Chef meines Patenonkels zu führen, hatte sich erledigt. Statt mit Uwe Barschel zu sprechen, fotografierte er den stumm mit Schlips und Kragen in der Badewanne Liegenden. Der Mund ruhte oberhalb der Wasseroberfläche. Ertrunken war Barschel nicht, aber tot. Da es hieß, er habe schmutzige Sachen gemacht, wirkte er als Leiche an einem Ort, an dem sich der Körper wäscht, wie eine Allegorie. In ihr überlagerten sich Jacques-Louis Davids Gemälde *Der Tod des Marat* und eine Zeichnung aus der Serie *Men in the Cities* von Robert Longo zu einem schwarzweißen Schnappschuss, der sich ins Hirn bohrte.

Der tote Ministerpräsident von Schleswig-Holstein war Gefahr gelaufen, die kommende Wahl zu verlieren. Um die Niederlage abzuwenden, inszenierte er eine Verleumdungskampagne gegen den Konkurrenten, einen Sympathieträger, dem die Herzen zuflogen. Dem Gegner ließ Barschel durch einen Handlanger unterstellen, Steuern hinterzogen zu haben und an Aids erkrankt zu sein. Als sei es noch nicht genug, hieß es weiter: Der Tote wäre über das Notar-Milieu der Landeshauptstadt Kiel im großen Stil in den Waffenhandel eingestiegen und hätte durch die Nutzung des notariellen Privilegs von Treuhandgeschäften ein Doppelleben unter Schiebern, Milizen und Agenten geführt. Die Gemengelage führte bald zu dem Verdacht einer

Reihe möglicher Täter. CIA, Mossad oder KGB, sie alle konnten die Selbsttötung vorgetäuscht haben.

Als Barschels Leiche im Beau Rivage gefunden wurde, war ich einundzwanzig. Gemeinsam mit Danni hatte ich die Nacht im Totenschiff, einer Bar oberhalb des Hamburger Fischmarktes, verbracht. Danach verschlief ich den Tag und trank den ersten Kaffee am Nachmittag. Müde drehte ich das Radio an. Tagespolitik interessierte mich nicht. Was sollte sie sein, außer Teil der großen Simulation? Dann kam die Nachricht über den toten Barschel im Hotel, dessen bekannteste Worte waren: »Ich gebe ihnen mein Ehrenwort.« Ich drehte den Ton lauter. Mich interessierte der Tote als Verfall der politischen Moral, aber auch als einer, der sich so weit in den Sackgassen der Schuld verlaufen hatte, bis er keine Rettung mehr sah, außer sich umzubringen.

Ich kann mich nicht erinnern, später mit meinem Patenonkel über den Tod seines Chefs gesprochen zu haben. Die Angelegenheit war unangenehm und wir sprachen in der Familie nicht gern über unangenehme Sachen.

Danni holte mich damals regelmäßig in seinem grauen Golf ab, damit ich mit ins Totenschiff kam. Er nahm mich immer wieder mit, obwohl ich über die zugezogenen Dorfpunks nörgelte, die dort auf dicke Hose machten und mit ihren zu großen Schuhen und Perücken auf vorgestellte Maibäume stiegen. Heute glaube ich, Danni sorgte sich, ich würde durch meine Eigenbrötelei zum Waldschrat werden. Die Wohnung, in der ich etwas versteckt lebte, befand sich in einem in die Jahre gekommenen Gebäude am Rande einer Sozialbausiedlung, deren Bewohner zu uns ins Haus kamen, um Drogen zu kaufen. Mir fehlte für den Handel der Ehrgeiz. Er reichte gerade mal, um nach dem Aufstehen gegen Mittag den Fernseher einzuschalten und vor Sonnenuntergang spazieren zu gehen. Das Programm lief bis zum Abend ohne Ton. Da es den Sendeschluss noch gab, kam nach Mitternacht ein Testbild, in dessen Licht ich bis zum Morgengrauen beobachtete, wie meine Hand merkwürdige Zeichnungen zu Papier brachte.

Weder die Wirklichkeit noch das Geld interessierten mich zu der Zeit besonders. Bei 86 Mark Miete konnte mir beides auch egal sein. In meiner Gegenwelt dachte ich, von der Zukunft gäbe es wenig zu erwarten, aber ich würde bescheiden am Leben bleiben. Um keinen Ärger mit gelegentlichen Anwandlungen von Erwartungen zu bekommen, sagte ich zu allem Nein. Selbst den Schwarzen Block verließ ich vor den besetzten Häusern in der Hafenstraße im Strahl eines Wasserwerfers, als ich mir die Frage stellte, ob sich die männliche Kettenbildung bei der SA nicht so ähnlich angefühlt haben könnte. Ohne Antwort ging ich weg.

Außer dem Zweifel und verschrobenen Zeichnungen bekam ich wenig auf die Reihe. Da das nicht abendfüllend war, trank ich Bier. Das Kunststudium ließ mir Zeit, zu tun, was ich wollte, während weniger auffiel, was ich nicht tat.

34 Jahre später, am Freitag, den 23. Oktober 2021, betrat mein Bruder in Kiel die Lobby eines Kettenhotels. Es lag zentral, keine zwei Minuten vom Hauptbahnhof und direkt am Wasser. Das serielle Gebäude mit einer Haut aus Wellblech hatte keinen anderen Anspruch, als Durchreisende für eine Nacht günstig unterzubringen. Jan checkte ein und ging in das Zimmer. An einem schmalen Schreibtisch notierte er auf einem A4-Blatt die Anweisung, seine Familie nicht über das zu informieren, was er anschließend tat.

Allein saß ich am folgenden Abend nach einer langen Zugfahrt in einem französischen Lokal in der Hamburger Innenstadt. Mein Vater hat dort regelmäßig gegessen und es wurde einer der wenigen Orte des öffentlichen Lebens, die ich von ihm übernahm. Nach dem letzten Bissen des

Ochsenbäckchens vibrierte mein Handy. Die Uhr zeigte kurz vor zehn. Da ich auf dem Display *Mutti* las, nahm ich ab. Dann ging alles ganz schnell. Sie sagte mit gepresster Stimme, drei Polizisten hätten sie besucht. Jan sei mit einem Freund in einem Hotel gewesen und habe sich umgebracht. Benommen starrte ich in die braune Soße auf dem Teller. Als der Kellner fragte, ob er den Käse bringen dürfe, winkte ich wortlos ab, bat um die Rechnung und ein Taxi. Die Fahrt an den Stadtrand dauerte eine halbe Stunde. Der Mann am Steuer sprach die ganze Zeit über seine Depression, die er mit Tabletten aber im Griff habe. Ich dachte, Jan ist tot. Der Gedanke blieb abstrakt. Er hat getan, was er so lange tun wollte. Ich zitterte, ohne dass es kalt war. Mich verwirrte, was meine Mutter am Telefon gesagt hatte: Ein Freund sei im Hotelzimmer gewesen? Das Taxi hielt vor dem Haus. Wir umarmten uns an der Tür. Dann saßen wir am Tisch im Esszimmer. Da wir in der Familie selten über unsere Gefühle sprechen, habe ich wenig Ahnung, wie das geht, und weiß oft gar nicht, was ich empfinde. Jetzt sah ich nur einen Ausweg aus dem Gespür innerer Leere und der Sprachlosigkeit. Ich nahm das Telefon und rief die Polizei an, um Licht in die Situation zu bringen. Meine Mutter beharrt nicht selten auf ihrer Deutung des Wirklichen, das hat mich daran gewöhnt, das, was sie sagt, mit der Wahrnehmung anderer abzugleichen. Der Beamte wirkte reserviert. Für ihn war ich einer der Verwandten des Toten, die nicht informiert werden sollten. Nüchtern betrachtet hatte ich wenig Gründe für Schuldgefühle, aber der unbekannte Polizist löste sie jetzt bei mir aus.

Um mehr zu erfahren, nachdem sich der Polizist geweigert hatte, mir irgendetwas zu sagen, und mich an Herrn G. verwiesen hatte, rief ich jenen Freund an, der von meinem Bruder nach seinem Tode als zuständig erklärt worden war. Ich kannte Herrn G. nicht und wusste nur aus dem Internet, dass die beiden vor kurzem eine Firma gegründet hatten.

Eine freundliche Stimme meldete sich am anderen Ende der Leitung. Herr G. sagte, er sei gar nicht mit Jan im Hotel gewesen. Das sei ein Missverständnis. Unser Gespräch dauerte fast eine Stunde. Danach ging es auf Mitternacht zu und es war zu spät, um sich noch durch die Außenwelt abzulenken. Sprachlos saßen meine Mutter und ich noch eine Weile am Tisch. Dann entfaltete ich das Gästesofa, holte eine Decke und legte mich zu Bett. Trauer erreicht mich langsam, als ob sie weite Umwege fahren muss. Wenn ich einen nahestehenden Menschen, der gestorben ist, nicht mehr gesehen habe, beginnt der Kopf, sich den Leichnam vorzustellen. Diesmal kamen die Bilder schon in der ersten Nacht. Die schwarzweißen Vorstellungen von meinem Bruder im Hotelzimmer wurden bald von dem Foto Uwe Barschels in der Badewanne überlagert. Ich sah aufgequollene, fahle Haut. Wie Barschel war Jan in einem Taxi ins Hotel gefahren. Beide fühlten sich, glaube ich, furchtbar einsam und haben sich sehr für Sex interessiert. Beide nahmen schon länger Tavor, Jan schon lange.

Von Jans Ängsten erfuhr ich zum ersten Mal Anfang 1989. Es war der Winter vor dem Mauerfall und das letzte Semester meines Kunststudiums. Mein Bruder rief mich damals jeden Tag um zwölf an. Ich konnte die Uhr danach stellen. Gerade aufgewacht, trank ich die erste Tasse Kaffee. Die Telefonate verliefen ähnlich. Aufgelöst beschrieb er mir die Aids-Viren, die aus dem Treppenhaus durch den Briefschlitz in die Wohnung krochen. Der Tod von Rock Hudson, mit dem die Nachricht von der »tödlichen Sexkrankheit« nach Deutschland gekommen war, lag noch keine vier Jahre zurück. Die Grindelhochhäuser, in denen Jan wohnte, verfügten über ein Rohrsystem, das einem im zehnten Stock ersparen sollte, den Abfall hinunterzutragen. Jetzt entdeckten die Überträger der Krankheit das System und kamen durch den Mülleimer in die Wohnung.

Für meinen Bruder gab es nur einen Fluchtweg: aus dem zehnten Stock zu springen. Es dauerte ungefähr eine halbe Stunde, ihn davon zu überzeugen, es nicht zu tun.

Selbstmord war für mich bis dahin kein Thema gewesen. Außer bei der Vorstellung von der Erschießung unter dem Apfelbaum hatte es in meinem Leben keinen Auftritt bekommen. In der Hoffnung, etwas weniger hilflos mit Jan zu sprechen, begann ich zu lesen. Wenige Monate zuvor war Hermann Burgers *Tractatus Logico-Suicidalis* erschienen. Die Variation des *Tractatus* von Ludwig Wittgenstein reduzierte die Welt auf ein Bild, in dem nur der Suizid der Ausweg sein konnte. Anschließend las ich *Hand an sich legen* von Jean Améry.

Wäre es anders gekommen, wenn ich einen weniger verkopften Umgang gefunden hätte? Jetzt sagte ich in einem der Telefonate, weil mir nichts mehr einfiel, außer was ich dort gelesen hatte: in dem Wort Freitod klinge die Freiheit der Selbstbestimmung mit. Als ich das aussprach, klang die Aussage nicht falsch, aber sie wirkte verheerend. Von der einen auf die andere Sekunde verwandelte sich die weinende Stimme meines Bruders und sagte schneidend: »Du willst mich töten«, um nach einem Atemzug hinzuzufügen: »Du wolltest mich schon immer töten.« Beschämt verstummte ich und betrachtete den Mörder, der ich sein sollte.

Nach dem Telefonat hörten die täglichen Anrufe auf, unser Kontakt brach ab. Die blaue Kaffeetasse, aus der ich bei den Telefonaten getrunken hatte, steht bis heute im Sichtfeld von dem Tisch, an dem ich jeden Tag schreibe. Ich benutze sie aber schon lange nicht mehr. Sie gehört neben Jans Dissertation und zwei Fotos zu den wenigen Gegenständen in meiner Wohnung, die mich an ihn erinnern.

Die angeschlagene Tasse aus Emaille mit Brandblasen am unteren Rand scheint eng mit meinem Denken verwoben. Durch die Tasse denke ich nicht nur an Jan, sondern auch darüber nach, ob das ärmliche Durcheinander und der Dreck, in dem ich wohne, mit meiner Herkunft zu tun haben oder einfach daher rühren, dass ich nicht putzen will und es mir so gefällt. Dann denke ich, dass ich es mag, dampfende Tassen in den Händen zu halten.

Die Verbindung zu Jan blieb nach dem fatalen Gespräch unterbrochen. Ich hatte noch versucht, mich zu erklären. Er wollte es nicht hören und ich erwartete gar nichts anderes. Das Band war gerissen, da er mir vorwarf, als der Ältere die Aufmerksamkeit der Eltern von ihm abgezogen zu haben, als sei das Wenige, was er abbekam, noch zu viel. Durch den unausräumbar erscheinenden Vorwurf wurde mir bewusst, wie zerbrechlich Verbindungen sein können und eine einmal zärtliche Nähe in Hass umkippen kann.

Auch das Verhältnis zur Familie veränderte sich, da ich dachte, ich müsste immer sagen, es ginge mir gut, da Jan krank war, was die Eltern schon genug belastete. Ich stellte meine Befindlichkeiten hinten an. Selbst an dem Tag, als mein Vater mich verzweifelt anrief, nachdem Jan sich die Pulsadern aufgeschnitten hatte und er ihn blutüberströmt in der Badewanne fand, sagte ich am Ende des Telefonats, um mich brauche er sich keine Sorgen zu machen, es ginge mir gut. Meine Gefühle kamen mir zu unbedeutend vor, um im Schatten von Jans Drama darüber ein Wort zu verlieren. Später, nachdem ich meine Person jahrelang ausgeblendet und den Gefühllosen gegeben hatte, konnte ich Jan nicht mehr lieben. Es wäre zu gefährlich gewesen, zu viel von mir zu zeigen. Auch wenn ich damals vom Tavor und davon, wie hart es gegen andere machen kann, nur vage wusste, lebte ich ihm gegenüber hinter einer Maske. Er wurde mir ein Fremder, den ich in meinem früheren Leben geliebt hatte. Trotzdem traf es mich, als eine

Verwandte nach dem Tod meines Bruders zu mir sagte: »Beileid braucht man dir wohl nicht zu wünschen, nach allem, was war.« Ich dachte, Verwandtschaft heißt, durch Wände getrennt zu leben.

An einem der letzten Tage des Sommers, gut ein Dreivierteljahr nach Jans Tod, sprach mich der Buchhändler, dessen treuer, aber lausiger Kunde ich bin, beim Betreten seines Ladens auf *unser* Versagen an. Die Jüngeren würden *uns* das bald vorwerfen: Wir hätten es nicht verhindert. Ich war verblüfft, da wir nie so ernst miteinander gesprochen hatten. Ihm ging der vorgestellte Vorwurf an *unsere* Generation sichtbar unter die Haut. Fast so, als ob er sich erklären wollte, fuhr er fort: Hätten alle so bescheiden gelebt wie *wir*, wäre die Umwelt nicht so kaputtgegangen, aber *wir* haben nicht verhindert, dass es trotzdem passierte.

Ich fühlte mich durch die Worte des Buchhändlers erwischt. Der Gedankengang war mir vertraut, obwohl ich mich in keinem *Wir* erkennen konnte. Es fiel mir immer schwer, mich einer Generation zuzurechnen. In diesem Gefühl der Unzugehörigkeit bin ich aber nicht ungewöhnlich für Menschen meines Alters. Mein Jahrgang tat sich schwer, das öffentliche Leben überhaupt zu betreten. Unsere Teilhabe hieß einige Jahre Party, im Rausch ging es miteinander, anschließend privatisierten sich viele oder sanken in ihre Probleme. Nachdem ich einen Moment durch meine Gedanken gegangen war und ihm nur zustimmen konnte, kam ich auf unsere Väter zu sprechen und sagte: Sie hätten uns rücksichtslos überfahren, bis wir glaubten, es gäbe uns gar nicht. Darum hätten wir es nicht verhindert. Schon während mein Mund die Worte formte, staunte ich, was mir da über die Lippen ging. Mein Gegenüber, der nicht in Deutschland aufgewachsen und vermutlich auch ein anderer Jahrgang war, sah mich ungläubig an. Aber glaubte ich überhaupt selbst, was ich da sagte?

Und wenn ich es glaubte, wollte ich mich wirklich als Opfer meines Vaters sehen?

Als ich noch mit meinem Bruder sprach, sagte ich oft: Es führt nirgendwo hin, sein Verhalten durch die Eltern zu begründen. Damals versuchte ich, ihn von einer Psychoanalyse abzuhalten. Das Gestochere im Matsch von Mama-Papa-Kind führe doch zu nichts. Es gelang mir aber nicht, ihn zu überzeugen. Er legte sich auf die Couch einer Analytikerin.

Mein jahrelanger Versuch, der Familie die Verantwortung für den, der ich geworden war, abzusprechen, ließ sich nach dem Tod meines Bruders aber nicht mehr aufrechterhalten. Durch das, was der Buchhändler gesagt hatte, vermischte sich jetzt die Frage, was meine Kindheit mit mir gemacht hatte, mit den möglichen Vorwürfen der Jüngeren, *wir* hätten die Gegenwart nicht verhindert. Aber wollte ich dagegenhalten: Ich wäre wegen meiner Eltern zu beschädigt gewesen, um Widerstand zu leisten? Wollte ich mich zu so einem Opfer machen? Das Verhältnis war, gerade in den Feinheiten, viel verdrehter. So glaube ich, dass es übertrieben wäre, zu behaupten, es war nur eine Entscheidung, nicht so zupackend zu werden wie die Eltern. Selbst wenn ich ihre Selbstdefinition durch Leistung ablehnte, leistete ich oft wenig, da ich es einfach nicht besser konnte. Meine mangelnde Leistungsfähigkeit mischte sich aus zwei linken Händen und einer dritten Hand voller Skrupel. Ich dachte, anzupacken wäre kaum mehr als Verdrängung, ein Stopfen, um die Leere zu füllen, die die abgeschalteten Gefühle hinterlassen haben. Meine vierte Hand formte den Widerspruch, der oft bis zum Zusammenbruch arbeitete.

In jenem Winter, als mein Bruder jeden Tag anrief, weil er aus dem Hochhaus springen wollte, war mein Plan, das Studium zu beenden. Die Abschlussarbeit wurde von den

Gesprächen mit Jan durchschossen. Angeregt von dem mit seinen Verdauungssorgen befassten Thomas Mann, führte ich ein Polaroid-Tagebuch meines Stuhlgangs. Ich eignete mir die Sorge eines anderen an, da ich in dieser Zeit kaum noch da war. Begleitet wurde die Chronik der Ausscheidungen von Fundstücken, die ich aus Zeitungen und Büchern über Selbsttötungen sammelte. Das Ergebnis war etwas eklig, aber auch kurios. Mag sein, die Kommission fühlte sich vor den Kopf gestoßen oder fand es charmant durchgeknallt, jedenfalls bestand ich kommentarlos mit *summa cum laude*. Im Sekretariat gaben sie mir das ausgezeichnete Diplom, ein gestempeltes Papier, für das ich nie eine Anwendung fand und das ich irgendwann verloren habe.

Nach dem Abschluss des Studiums sollte ich Künstler werden, hatte aber keine Ahnung, wie das geht. Meine Mutter schlug mir, als ich ihr das Diplom zeigte, eine Ausbildung im Hotel vor. Ich hätte es als Beleidigung empfinden können, aber ich kannte es nicht anders und ich möchte mich nicht darüber beklagen. Dass meine Eltern durch mich hindurchschauten und selten wissen wollten, wer ich war, hinterließ zwar eine gewisse Orientierungslosigkeit, schenkte mir aber viel Freiheit. Da ich in ihrem Blick kein sicheres Gegenüber hatte, in dem ich Halt finden konnte, bleibt mir bis heute etwas unklar, wo ich gerade stehe. Mittlerweile erkenne ich darin einige Vorteile, und sei es der, dass ich jemand werden kann.

Auf eine Art gefiel mir der Hotelvorschlag meiner Mutter auch ganz gut. Da mir die Bewältigung des Alltäglichen schwerfällt, träumte ich oft vom Leben im Hotel, wo andere mir die Ordnung abnehmen würden, die mir laufend misslingt. Als einer der Bediensteten könnte ich lernen, wie ich mir in Zukunft selbst helfen könnte. Natürlich dachte ich beim Hotel an den Hochstapler Felix Krull und seine Lehrzeit, die ich wie ein Bild für mein Kunststudium gelesen hatte: Es gab einen wahren Kern und um den herum wurde gelogen.

Die Bücher von Thomas Mann las ich überhaupt wie einen Leitfaden, da er die norddeutsche Trägheit der Gefühle so genau durchdrang. Die *Buddenbrooks* waren das einzige Buch, das mir mein Vater ans Herz gelegt hatte, als er einmal mit dem Finger darauf zeigte und murmelte: »Ein trauriges Buch.« Ich verschlang es und fand es ziemlich lustig, wenn auch etwas langfädig, verstand aber, was er gemeint hatte. Wir waren der Niedergang einer Familie.

Meine Mutter dachte beim Hotel vermutlich an gute Manieren. Sie ließen, wie vieles an mir, zu wünschen übrig. Eine Lehre im Hotel klang aber auch nach geregelter Arbeit. Ich schlief lieber bis zum Mittag und ging am Nachmittag spazieren. Abends trank ich Bier. Nachts tippte ich inzwischen auf einer Schreibmaschine alleinstehende Sätze, die sich unbeholfen aneinanderreihten, bis die Sonne aufging. Um mir das leisten zu können, belud ich in zwei Nächten der Woche Flugzeuge mit Post. Mehr, dachte ich, sei übertrieben.

In den Wochen bevor mein Vater im Mai 2018 starb, besuchte ich ihn regelmäßig im Krankenhaus. Geschwächt nahm er mein Kommen gerade einmal zur Kenntnis. Wir hatten uns schon lange nicht viel zu sagen, jetzt wurde es noch weniger. Da er bald sterben würde, überlegte ich, ob wir noch über etwas sprechen sollten, was bisher ungesagt geblieben war. Mir fiel nichts ein oder ich traute mich nicht und saß schweigend an seinem Bett. Wenn er nicht schlief, brummelte er wie aus einer traumartigen Welt. In ihr gab es Erdlöcher am Rand des Meeres oder auf Inseln. Überall lag nasser Matsch. Deiche wurden gebaut. Es muss die Welt seiner Kindheit gewesen sein. Die Tage, an denen er seinen Vater, dessen Beruf er später lernte, auf Baustellen begleitete. Er halluzinierte die Arbeit, die sein Leben bestimmt hatte. Während er durch die Erinnerungen trieb, wurde sein Körper jeden Tag kleiner, er verschwand, da der Krebs ihn auffraß.

Bei einem der Besuche kam überraschend mein Bruder ins Zimmer. Im Unterschied zu meiner Gegenwart ging diesmal ein Lächeln über das Gesicht unseres Vaters. Die Situation gab mir einen Stich. Aber warum eigentlich? Jahrzehnte hatten mich daran gewöhnt, dass die Fürsorge und Aufmerksamkeit der Familie Jan galten, da er krank war. Die Aufgaben blieben wiederum bei mir, obwohl ich als der Tunichtgut der Familie galt, aber angeblich so entspannt wirkte, als ob ich über unendlich viel Zeit verfügte. Ich nahm diese etwas widersprüchliche Doppelrolle hin, so wie die anhaltenden Vorwürfe meines Bruders, ich sei als Erstgeborener der Bevorzugte gewesen, dem mehr Aufmerksamkeit zuteilgeworden war, eine Ungerechtigkeit, deren Ausgleich er seit Jahrzehnten zu erzwingen versuchte.

Jetzt sprachen die beiden miteinander. Während der Vater mit mir, mit meinen ihm fremden Interessen wenig anfangen konnte, hatte er mit Jan, dem promovierten Historiker und Kolumnisten ihm bekannter Zeitungen, eine Ebene der Verständigung. Hinzu kam, dass er Jan, der oft in Geldproblemen steckte, als Beschützer helfend unter die Arme greifen konnte. Diese Rolle versuchte er noch auf dem Sterbebett einzunehmen, als er kaum mehr als Haut und Knochen war. Wie er es tat, erfuhr ich erst später. Ich ließ die beiden allein im Zimmer.

Wenige Wochen nach dem selbstgewählten Tod meines Bruders, für den mir das Wort Freitod aber unpassend scheint, erzählte mir Jans engster Freund aus den letzten Jahren, unser Vater habe ihm bei einem seiner letzten Besuche gesagt, er sei ein vielfacher Millionär. Jan würde mehr als genug erben und müsse sich keine Sorgen machen. Als ich mir die Szene vorzustellen versuchte, fielen mir die Zeilen von Vaters Lieblingslied ein. »Hätten wir nur lieber das Geld vergraben / das wir im Leben versoffen haben / hätten wir so einen Haufen / Kinder, was könnten wir saufen.«

Hatte Jan vergessen: Unser Vater war kein Trinker, aber ein Spieler mit dem Wirklichen, der sich selbst oft als Schlawiner bezeichnete und die Lösung von Problemen auf morgen schob? Eine männliche Pippi Langstrumpf im eleganten Anzug, der sich die Welt machte, wie sie ihm gefiel. Er erfand seine eigenen Gesetze und konnte Tobsuchtsanfälle bekommen, wenn sich ihm die Gesetze der anderen Menschen in den Weg stellten. Er mochte es überhaupt nicht, wenn ihm widersprochen wurde. In den Augen mancher kam es deshalb zum Konkurs, weil er sich ausschließlich Berater suchte, die ihm nach dem Mund redeten, und jene rauswarf, die seine Sicht der Dinge nicht teilten. Später, als er etwas altersmilde wurde, hatte er geduldige Anwälte und Steuerberater, die bereit waren, sein Gebrüll zu ertragen, wenn er wieder einmal gegen die Grenzen der Wirklichkeit krachte. Manchmal habe ich mich gefragt: Verpanzerte er sein Weltbild gegen die Angriffe des Außen, da er Angst hatte, die feindliche Welt könnte ihm Vorwürfe machen? Oder war er einfach ein Mann, der seine Grenzen nicht kannte?

Ich weiß nicht, ob Jan sich diese Fragen gestellt hat. Mein Bruder und ich müssen sehr verschiedene Bilder von ihm gehabt haben. Jan war mehr am Bild eines allmächtigen Vaters interessiert. Seine Freunde sagten, unser Vater sei für ihn wie Gott gewesen. Nach dessen Tod fragte Jan, wo der BMW geblieben war, der in dem aus seiner Sicht unzureichenden Nachlassverzeichnis, das ich erstellen musste, fehlte. Dass unser Vater in diesem Wagen einen Totalschaden verursacht hatte, der ihn ins Krankenhaus brachte, wo er, da seine Abwehrkräfte gegen den Krebs nun noch geschwächter waren, wenige Wochen später starb, hatte er gar nicht mitbekommen. Wie sollte Gott auch gegen einen Straßenpoller fahren?

Anfang Dezember 2022, knapp vierzehn Monate nach Jans Tod, las ich zum ersten Mal seine letzten Zeilen. Sie beginnen ohne Anrede:

»30 Jahre Zwangserkrankung haben mich zermürbt, ich kann nicht mehr.

Dr. Jan-Hendrik Dany.«

Unter der Krankheit rumorte noch anderes. Nach dem Tod unseres Vaters hatte Jan sofort begonnen, Erkundigungen einzuziehen, was er zu erwarten hatte. Zuerst erfuhr er, dass er als Sohn im Berliner Testament im ersten Erbgang gar nicht vorgesehen war, sondern alles zunächst an unsere Mutter ging. Später wurde ihm, obwohl er es lange nicht wahrhaben wollte, klar: Es gab die Millionen gar nicht. In diesem Moment wurde er sehr wütend. Mein Bruder hieß im Ausweis auch Hermann. Wütend stellte er jetzt einen Antrag beim Einwohnermeldeamt, um den angehängten Namen des Vaters auszulöschen. Als der bürokratische Prozess nach zwei Jahren endlich abgeschlossen war, begann mein Bruder mit den Vorbereitungen seines eigenen Todes. Ich habe mich, angesichts des Vatermordes auf dem Papier, auf den der Mord an sich selbst folgte, gefragt: Ob Jan gar nicht aufgefallen war, wie weit sich unser Vater in seinen letzten Wochen von der Wirklichkeit entfernt bewegte? Später begann ich zu begreifen, wie sehr Jans Wahrnehmung von Tavor beeinflusst gewesen sein muss und dass er allein schon dadurch vieles nicht mehr mitbekam. Das Psychopharmakon, mit dem er jahrelang seine Angst auszuschalten versuchte, erzeugt als Nebenwirkung ein »Gefühl der Loslösung oder Entfremdung von sich selbst«. Aber das ist nur ein Punkt auf dem wenige Zentimeter breiten, aber einen halben Meter langen Beipackzettel. Dessen einzige Verlängerung schien der Tod als Flucht aus dem Gefängnis der Familie. Oder war es vielleicht auch ein Stück Rache?

1981 dachte ich zum ersten Mal: Ich habe überlebt. Noch waren es nicht Jan und Danni, die ich überlebte, sondern ein Sommer der Gewalt. Die Friedensbewegung hatte nach der großen Demonstration gegen den Nato-Doppelbeschluss ihren Zenit überschritten. Damals lief ich vor HSV-Fans weg, die mit Fahrradketten nach mir schlugen. An einem anderen Tag stieg ich in eine U-Bahn, als ich bemerkte, der Wagen war bis auf den letzten Platz mit Skinheads gefüllt. Die Tür schob zu und zwischen all den grünen Jacken halluzinierte ich mein Gesicht bereits in einer Blutlache. Böse Blicke musterten den schwarz-roten Stern an meinem Revers, als eine Stimme plötzlich sagte: »Hallo Mike, schön dich zu sehen.« Es dauerte einen Moment, bis der Groschen fiel und ich mich zu dem Unbekannten setzte, der Mitleid mit mir hatte oder was auch immer. Drei Stationen später stieg ich aus und atmete auf.

Selbst mein Vater, der sich bisher nicht die Mühe gemacht hatte, versuchte mich in diesem Herbst zu schlagen, nachdem herausgekommen war, wie oft ich schwänzte. Der Schulbesuch erschien überflüssig für ein Leben, von dem ich wenig erwartete. Was ich brauchte, würde ich woanders lernen. Warum die Zeit in der Schule verplempern? Die Wirklichkeit, zu der sie den Schlüssel versprach, schien nicht nur aussichtslos, sondern verlogen. Während der Wohlstand weiter in Zusammenarbeit mit lateinamerikanischen Diktaturen wuchs, zeichnete die Kultur die harte Hand des Schmidt-Staates weich. Der Kanzler durfte ein Antisemit sein, wenn im Dritten Programm genug Vergangenheitsbewältigung lief. Ein Pluralismus der Gleichzeitigkeiten änderte wenig daran, dass die meisten progressiven Versprechen am Ende leer blieben. Die Antwort hieß nach einem CDU-Slogan aus den Fünfzigerjahren: *Keine Experimente*. Der Stillstand wurde Programm. Die Gegenwirklichkeit bestand darin, stumpf bis brutal zu werden und zu allem Nein zu sagen. Die Geste der Abwehr fuhr aber in einen dunklen Wald des Negativen, der für einige zum Abgrund werden sollte.

Heute frage ich mich, ob die Post-Punk-Stimmung der gepanzerten Selbstzerstörung in Zusammenhang stand mit dem, was später das Phänomen der »Kriegsenkel« genannt werden sollte.

Der Begriff tauchte erst drei Jahrzehnte später auf und mit ihm formulierte sich überhaupt erst, was es bedeuten könnte, als Kind von Kriegskindern aufgewachsen zu sein und damit Eltern zu haben, deren seelischen Verletzungen kaum Aufmerksamkeit geschenkt wurde, da es im Schatten der deutschen Schuld und des Wiederaufbaus keinen Raum dafür gab. In ihrem Schrecken alleingelassen, verschlossen sie sich. Unter ihrer dicken Haut, von ihren Gefühlen getrennt lebend, fiel es ihnen schwer, sich als Eltern dem Kind in fürsorglicher Weise zuzuwenden. Wer nicht beschützt wurde, kann sich oft selbst nicht beschützen. Viele Gefühle dieser Eltern waren auf dem Niveau von Kindern stehen geblieben, die gierig brüllten, wenn sie etwas wollten. Sie schienen hingegen überfordert damit, zuzuhören, wenn ihre Kinder um etwas baten, Liebe brauchten oder einfach nur gesehen werden wollten. Selbst verunsichert, konnten sie kein wirkliches Gefühl der Sicherheit vermitteln. Aber konnte es sein, dass meine Furcht vor dem nächsten Wutausbruch des Vaters durch die kollektive Geschichte begründet war? Schien es nicht abwegig, zu denken, dass ich bis heute unbehaust lebe und mich wie ein Gast in dieser Welt fühle, da die Stadt, in der meine Eltern lebten, vor achtzig Jahren bombardiert wurde? Ich fürchte mittlerweile schon, der Schrecken des Krieges wirkt so tief und setzt sich als Gefühlserbschaft fort. Die Perspektive eröffnet aber auch einen Raum. Im Unterschied zu vielen anderen psychotherapeutischen Modellen erlaubt es das Konstrukt der Kriegskinder und Kriegsenkel, die Kälte in den Familien weniger privat zu betrachten und in einen politischen Zusammenhang zu stellen.

In diesem Moment dachte ich an die Rede, die Jan auf der Beerdigung unseres Vaters im Café Fritz gehalten hatte. Es war ein sprachlich ausgearbeiteter Vortrag über einen abwesenden Vater, der die Verbindung zu seinem Sohn in Form von Geld baute, da es das Mittel seiner Wahl war. Jan beendete seine kühle Analyse mit den Worten, er habe Frieden damit geschlossen, wie das Verhältnis zu seinem Vater gewesen sei und welche Sprache sie für sich gefunden hätten. Die zahlreichen Gäste, unter ihnen viele, die Geld für eine gute Möglichkeit hielten, Beziehungen stabil zu halten, waren begeistert. Seine Rede wirkte auf die Zuhörer entlastend, für den Redner blieb sie nur ein kurzes Aufbäumen gegen seine Verlorenheit. Scharf zeichnete sich das Bild in meiner Erinnerung, wie er nach der Beerdigung einsam wegging. In Mutter und Bruder erkannte er keine Verbündeten und wahrscheinlich sah er uns schon als Feinde. Er hatte den Vater verloren, seinen stabilen Halt und die monatliche Überweisung. Ohne den Vater, der ihn im Tod verraten hatte, schaltete er einen Anwalt ein.

Mein eigener Verlust war mir nicht so klar. Der Tod meines Vaters schickte mich auf eine lange Reise. Auf ihr begriff ich, wie früh ich mich selbst versorgen musste. Der als Kind hinter den Büchern versteckte Käse war nur eine der Anstrengungen. Mit der einsetzenden Pubertät hatte ich begonnen, Bilder einer möglichen Welt unabhängig von den Eltern zu entwerfen. Die Mao-Bibel meines Vaters half mir dabei. In der vom Großen Vorsitzenden ausgelösten Vorstellung einer Kulturrevolution nahm die Familie nur noch eine nachgeordnete Rolle ein. Für die Auflösung der Klassengesellschaft sei es unumgänglich, sagte Mao durch meinen pubertierenden Körper, die Kinder früh von ihren Eltern zu trennen. Während der chinesische Nachwuchs in Kinder-Kommunen lebte und jene Uniform trug, von der ich bis heute träume, gab es nur gelegentliche Wochenendbesuche bei den biologischen Erzeugern. Nachdem ich den Eltern meine chinesische Vorstellung von einer besseren Welt beim Abendbrot vorgestellt hatte, waren sie beleidigt und drohten, mich in ein Internat zu geben. Die etwas härtere Drohung hieß Waldorfschule, wo mir beigebracht werden würde, ich hätte meine Eltern selbst ausgewählt. Ich entschied mich für Salem. Tatsächlich fuhren mich die Eltern zu dem feinen Internat in Baden-Württemberg und wir gingen am weißen Schlossbau spazieren. Nach einer Anfrage der Preise erledigte sich die Sache von selbst.

Heute fuhr ich an den Reihenhäusern in Langenhorn vorbei, in denen Helmut Schmidt und seine Frau Loki gewohnt haben. Die Häuserzeile erinnerte mich an die Ähnlichkeit von Schmidt mit meinem Vater. Der war aber nicht so hart und noch ein Kind, als der Soldat Helmut Schmidt mit tausenden Wehrmachtskameraden 28 Monate lang Leningrad blockierte, bis über eine Million russischer Zivilisten ums Leben kamen, zum größten Teil durch Hunger. Für seinen Einsatz bei der Blockade erhielt Schmidt das Eiserne Kreuz zweiter Klasse. Worin sich die beiden später als ältere Männer ähneln sollten, waren der Scheitel, die Mimik, das Beschwören der Disziplin und ein verzögertes Sprechen, das die Zuhörenden warten ließ. Schmidt verkörperte damit die demokratisch verpackte Wiederkehr des Herrenmenschen, der die Ausnahmezustände in den Griff bekam und später im Speisewagen rauchte, um zu genießen, wie die Kellner sich vor seiner Macht beugen mussten.

1981, als sich Helmut Schmidt als Kanzler bereits im Fall befand, da die Wirklichkeit gerade keine Ausnahmezustände abwarf, tauchte mit den Gestalten von Palais

Schaumburg etwas Verstörendes auf. Die Band mit einem latenten Nazi-Chic, der sich ins ADHS-hafte verdrehte, sang: »Kinder, der Tod ist gar nicht so schlimm, ich habe ihn gesehen und er war schön.« Im Fernsehen sah es so aus, als seien Außerirdische in der Uniform deutscher Buben gelandet, um die verhangene Bundesrepublik aufzumischen. Kaum auf der Erde, brannte es ihnen unter den Nägeln, ihre irre Botschaft zu übermitteln. Die Boten trugen bayerische Lodenjanker und weiße Hemden zu mit Trägern hochgezogenen Hosen. Ich beschaffte mir diesen Look einer anbrechenden Zeit, aber nicht vom Flohmarkt, sondern im Kleiderschrank meines Vaters.

Die weltgewandte Musik von Palais Schaumburg aus dem Keller der Kunsthochschule, die nur ein paar Kilometer entfernt lag, wurde für mich als Fünfzehnjähriger zur Vorstellung einer Welt, in die ich flüchten wollte.

Mein Bruder hörte zwei Jahre später *Fantastic* von Wham!. Heute denke ich, er war mit dieser Hinwendung zu einem kommenden Hedonismus schon viel weiter als ich und frei von einem melancholischen Rückblick auf die verschwundenen Avantgarden. Damals hielt ich Wham! noch für das Letzte. Mein Bruder, der junge Mann mit Talenten und einem ansprechenden Äußeren, sah mich hingegen aufgrund des kranken Zeugs, das ich hörte, als *loser* und ahnte den »brotlosen Künstler«. Besonders schlimm fand er das Slits-Album *Cut,* auf dem sich die drei Musikerinnen nackt und mit Schlamm beschmiert zeigten. Nicht nur, weil ich sowas hörte, war ich in seinen Augen gestört. Unsere Schulkameraden sahen das genauso, sagte er, während er auf einer geraden Bahn in die Zukunft strebte. Nach dem Abitur machte er eine Lehre bei der Deutschen Bank, ging danach zur Bundeswehr und wollte anschließend ein Jurastudium beginnen.

Das war der Plan. Dann sah er den Tod und er war nicht schön. Ein Stubenkamerad nahm sich das Leben. Die Offiziere kommentierten in der Art: nur die Harten kommen in den Garten. Jan fuhr am Wochenende verstört von der Kaserne nach Hause. Sein Wagen, der weiße Jeep von Toyota, kam ins Schleudern und überschlug sich mehrmals. Als Jan aus dem zerstörten Auto kroch, sagte der Passant, auf den er zutaumelte: »Es kann nicht sein, dass Sie noch am Leben sind.« Jan wiederholte diesen Satz, der in seinen Ohren wie der Vorwurf klang, überlebt zu haben, später oft.

Es gibt ein Foto aus dieser Zeit, das bis heute im Bücherregal meiner Mutter steht. Jan schreitet darauf in einem schwarzen Anzug mit Fliege durchs Wohnzimmer, als sei er ein Doppelgänger des Vaters. Seine roten Haare, die ihn unterschieden, hatte er etwas dunkler gefärbt und seitlich auf einem Grat zwischen perfekt und lässig gescheitelt. Durch die Aufnahme schimmert schwach eine Doppelbelichtung und zeichnet die unheimliche Silhouette des vom Himmel stürzenden Jeeps. Ich sah es als das Sinnbild einer Wirklichkeit auf tönernen Füßen. Aber ich galt als der Spinner in der Familie und sie hatten recht. Wenn ich das Foto heute betrachte, muss ich feststellen, dass die zweite Belichtung, der fallende Jeep, nur in meinem Kopf existiert hat. Ich sah oft Gespenster und ahne ständig Unheil. Die Neigung zum Alarmismus wurde mit den Jahren milder, aber wirklich weg ist sie nicht.

Ungefähr ein Jahr nach dem Autounfall begann es, dass Jan überzeugt war, mit HIV infiziert zu sein. Nachdem er eine Reihe negativer Testergebnisse für Fehler hielt, ging er in seiner Wohnung in die Isolation. Kurz danach begann die Zeit der täglichen Anrufe.

Ende November 2022 ging ich auf die Beerdigung eines Freundes meiner Eltern, den ich seit dem Sandkasten kannte. Mit seiner Tochter und seinem Sohn hatte ich als Kind oft gespielt. Nach der Pastorin hielten die beiden kurze Reden. Während der Sohn sprach, umarmte er das vor dem

Sarg aufgestellte Foto seines Vaters und sagte: »Immer warst du da, in jedem Moment, und auch jetzt bist du da.« Die Totenrede des erfolgreichen Wissenschaftlers und geübten Sprechers schoss über das Ziel hinaus. Oder nahm nur ich es so wahr, da ich keinen so allgegenwärtigen Vater erlebt hatte? Unser Vater besetzte, da er sich so wichtig nahm, die Mitte des Geschehens, wenn er physisch anwesend war. Er konnte es kaum aushalten, nicht im Zentrum der Aufmerksamkeit zu stehen. Geburtstage von anderen machten ihn nervös. Ein Weg, seine Unruhe zu kompensieren, waren seine brillanten Reden auf das Geburtstagskind, für die er von allen gelobt wurde. Doch meistens war er einfach nicht da, weil er viel arbeitete und am Abend ausging. Er war oft abwesend, da konnte ich Jan, der das in der Totenrede auf unseren Vater gesagt hatte, nicht widersprechen. Aber blieb uns dadurch nicht viel Raum?

Nach der kirchlichen Trauerfeier des Freundes gingen wir zum Leichenschmaus bei Kalle Pieper. Der Bauer, Paketbote und Wirt war kurz vorher gestorben. Ein Foto erinnerte im Eingang des Lokals an den Mann mit der braunen Lederschürze. Auf der Tanzdiele hinter der Kneipe wurde ich neben die demente Witwe platziert. Ich kannte sie von den Gästen am längsten. Zwar wusste ich nicht, ob sie mich erkannte, aber ich ging sofort auf in der fürsorglichen Rolle. Durch die Übung in der Familie nehme ich die Aufgabe des Kümmerers leicht an, auch wenn ich mich in ihr schnell als Kümmerling fühle. Oder liegt das daran, dass ich oft nicht besonders ernst nehme, was ich ansonsten tue. Mich zu kümmern hat den Vorteil: Ich muss weniger über mich selbst nachdenken. Ich könnte das jetzt psychologisieren, da bin ich aber etwas zurückhaltend, obwohl es in der therapierten Gesellschaft normal geworden ist. In vielem bleibt man wohl ein wenig Kind seiner Zeit. Anfang der Achtziger, als ich mich durch die Pubertät schleppte, galt fast jede Art von Selbstbetrachtung unter die Oberflächen als zweifelhafte Innerlichkeit. Das aufregende Leben konnte nur im Außen stattfinden. Für Punk und was daraus folgte, war klar: In mir ist bestenfalls Müll oder gar nichts. Einer, der das auf den Punkt brachte, war Rainald Goetz. Sein Auftritt als schreibender New-Wave-Psychiater in Klagenfurt 1983, bei dem er sich die Stirn aufschnitt, und der Roman *Irre* wirkten damals wie der Startschuss in ein verändertes Denken.

Als ich am Abend nach Hause kam, habe ich »Subito« wieder gelesen. Goetz' im Nachgang zu seinem spektakulären Auftritt in Klagenfurt geschriebene Erzählung über die Fahrt zu der gleichnamigen Bar in Hamburg las sich jetzt abstoßend. Was für eine unreflektierte Männlichkeit, die einen in manierierten Sätzen anbrüllt. Wieso war ich auf den eitlen Streber, der sich später für das Bundesverdienstkreuz bückte, derart abgegangen? Damals traf Goetz den Ton. Statt an den Umständen zu leiden, tat er so, als ginge es ihm großartig. Da es seinen Texten gelang, die Kaputtheit als Form von überdrehter Fröhlichkeit darzustellen, um sich nicht als Opfer der Umstände hinzustellen, eröffneten sie einen ungeahnten Raum des Lebens. Das hinten auf den Umschlag seines Buches *Irre* gedruckte Motto »Don't cry, work« feierte ein überdrehtes Lob der Arbeit, das ähnlich bei anderen männlichen Helden der Zeit, wie Martin Kippenberger oder Diedrich Diederichsen, auftauchte. Sie wollten nicht mehr sozialdemokratisch gegen die Maloche muffeln, sondern arbeiteten wie besessen und gingen danach um Mitternacht in eine Bar, um gegen den Rest an Unruhe zu trinken. Angesichts der Hyperaktiven mit ihrem Schneller, Weiter, Lauter, die sich in einem autoritären Auftreten gefielen, kam ich, der sich am liebsten hinlegte und Konflikten aus dem Weg ging, mir wie eine lahme Ente vor. In meiner Bewunderung begann ich mich jedoch anzustrengen. Gefühle blieben bei der Suche nach dem intensiven Leben auf der Strecke. Sie waren etwas, das ich kaum kannte. Verpanzert ging ich durch die Gegend und spürte wenig. Fällt es mir darum schwer, um den Vater und Jan zu trauern?

Es lag Schnee, als ich zwei Wochen später wieder auf eine Beerdigung ging. Zu Grabe getragen wurde die Mutter zweier Freundinnen aus der Schulzeit. Sie hatte früher mit ihrem Mann den Spar-Laden betrieben und den Tennisclub gegründet. Die Pastorin hielt eine Totenrede für ein Kriegskind. Oder hörte nur ich diese Betonung? Anschließend saßen wir wieder bei Pieper in der Kneipe auf der Tanzdiele, wo der Leichenschmaus serviert wurde. Die Weinflaschen bekamen schon über Mittag Löcher. Bald wurden die Kurzen in hohem Tempo aufgefahren. Und während alle bereits ein bisschen angeschickert waren, erzählte mir ein Jugendfreund von der Zeit, als ich den Kontakt zu Danni verloren hatte. Er stand damals fast jeden Tag hinter dem Tresen der Kneipe der Eltern und war sein bester Gast. Irgendwann habe er nur noch sturzbetrunken ausgeschenkt. Es sei unerträglich geworden. Als er einmal nicht zur Arbeit kam, habe ihn der Vater in dem kleinen Haus gefunden, das ihm die Eltern zur Verfügung stellten. Das war 2016, kurz vor seinem 50. Geburtstag. Sein Tod hatte sich über Jahrzehnte angekündigt. Am Ende hätten die Organe versagt. Die Beerdigung fand in aller Stille statt.

Ich habe es lange aufgeschoben, Dannis Eltern zu besuchen. Wir sprachen am Telefon und ich traf sie zufällig, bis ich aber zu ihnen ging, brauchte es sieben Jahre. In der Kneipe brannte an diesem Abend noch Licht. Meine Hand drückte den Blinker und der Wagen bog auf den Parkplatz. Die Uhr zeigte zwanzig vor zehn, als ich den Zündschlüssel abzog. Beim Betreten der Gaststätte wollte ich mich entschuldigen, da ich mir wie ein Eindringling vorkam. Vier Männer saßen an einem Tisch an der Tür beim Kartenspiel. Ansonsten gab es keine weiteren Gäste. Eine Szene wie vor einem halben Jahrhundert, als ich den Raum zum ersten Mal betreten hatte. Links neben der Tür stand noch die Kühltruhe für das Langnese-Eis, nach dem wir als Siebenjährige suchten. Dass sich nicht viel geändert haben würde, überraschte mich nicht, dieser Stillstand der Zeit aber schon. An den Wänden hingen exakt dieselben Bilder. Kein einziges war ausgetauscht worden. Die Tische mit den Decken hatten noch die gleichen Stühle und über dem Tresen stand vor dem Holsten-Schild der ausgestopfte Bieber, den ich als Kind so mochte. Es roch sehr sauber und die Gäste hatten in den Jahrzehnten kaum Spuren hinterlassen. Die Bestellungen wurden auf Blöcken von einem Taxi-Unternehmen notiert, das es schon lange nicht mehr gab, und Dannis Vater trug noch die Frisur, mit der er uns beim Graben der Steinzeithöhle geholfen hatte. Er grüßte mich als einen Unbekannten. Ich ging auf ihn zu, gab ihm die Hand und sagte meinen Namen. Während er ihn wiederholte und Bescheid wusste, erkannte ich in seinen Augen eine gewisse Nervosität. Sie lag aber nicht daran, dass ich als Gespenst in die stehen gebliebene Zeit eintrat. Er sagte, ich wüsste ja, sie spielen hier jeden Freitag Karten und er könne da jetzt nicht raus. Aber er würde mich nach hinten zu seiner Frau bringen. Ich folgte ihm auf dem Weg hinter den Tresen. Im Flur stand noch das Klavier. Dannis Mutter saß in der Stube. Ich setzte mich auf das Sofa. Der Vater brachte mir noch eine Flasche Holsten, bevor er zu seiner Runde zurückkehrte. Auf dem Kamin standen drei Fotos. Zwei von dem Danni, den ich gekannt habe, und eines von kurz vor seinem Tod. Aus dem zerstörten Gesicht sahen mich traurige Augen an. Mit seiner Mutter war es wie gestern. Wir sprachen über vieles, und auch darüber, was mit der Kneipe passieren würde, wenn sie nur noch auf allen vieren gingen. Ihr Albtraum sei, wie Leute alles kaputtschlagen würden, wenn sie tot wäre. Dann sagte sie, Danni starb vermutlich an einer Lungenembolie. Es war die dritte

Todesursache. Meine Mutter bestand darauf, er hätte sich umgebracht. Man kann in den Augen der anderen ganz unterschiedlich sterben. Ich musste mich beherrschen, ihr nicht anzubieten, dass ich die Kneipe übernehme.

In den 29 Jahren nach dem Bruch mit Jan führten die Feiertage, an denen wir im Kreis der Familie aufeinandertrafen, dazu, dass er einen Angriff nach dem anderen gegen mich fuhr. Ich saß meist schweigend da, erduldete, versuchte auszugleichen und kümmerte mich um das Essen, das Jan in sich hineinstopfte. Seine Zwangserkrankung, die Angst, sich zu infizieren und der damit verbundene Waschzwang, blieben in all den Jahren das bestgehütete Geheimnis der Familie. Nach einem längeren Klinikaufenthalt schrieb er eine Dissertation über die Achtzigerjahre mit dem Titel: *Eine Ikone des Neokonservatismus?* Er tat es nicht zuletzt, da er darin eine Möglichkeit sah, unseren Vater zu übertrumpfen, der nach seinem Diplom als Ingenieur eine Promotion zwar angedacht hatte, aber auf diese Verlängerung seines Studiums verzichtete, um endlich unsere Mutter heiraten zu können.

Der Beobachtungszeitraum von Jans Abhandlung beginnt 1979 und analysiert den Blick der Tageszeitung *Die Welt* auf »Thatchers Rosskur zur Heilung der englischen Krankheit«. Was ihn interessierte, war die journalistische Stilisierung der »Eisernen Lady«. Wenige Wochen bevor Jan starb, nahm ich das Buch aus dem Regal. Seine Studie über die Ankunft des Neoliberalismus in Europa interessierte mich jetzt weniger aus persönlichen Gründen, sondern da diese Epoche auf ihr Ende zuging. Durch seine Augen blickte ich auf das halbe Jahrhundert. Was Jan herausarbeitete, war die Zurückweisung der neoliberalen Konzepte durch die Politik der bürgerlichen Mitte in der BRD, die in den Achtzigern noch lange wertkonservativ blieb. Erst in den Neunzigern wurden Fernsehen, Post und Bahn privatisiert. Die Auflösung der Vormacht des Staates und die Übergabe an die Kräfte des Marktes verzögerten sich dadurch um fast fünfzehn Jahre.

Während ich las, fiel mir auf, Jan und ich hatten beide Ende der Achtziger zu schreiben begonnen. Mich erstaunte, dass wir beide diese Ausdrucksform gewählt haben. Bei uns zuhause wurden von meiner Mutter zwar viele Briefe verfasst und Reden, die mein Vater hielt – sie war seine Ghostwriterin. Einfach so vor sich hin zu schreiben, kam aber nicht vor. Bücher gab es reichlich. Sie dienten als Dekor, wurden aber auch gelesen. Intellektuelle waren unsere Eltern jedoch nicht. Sie hatten ihre festen Werte, nahmen auf diese hamburgische Art an einer Idee vom bürgerlichen Leben teil, die sich in erster Linie mit der Selbstdarstellung vor Publikum beschäftigte. Es ging darum, mit seinem Bekenntnis zu Geschmack und einer bestimmten Haltung gesehen zu werden. Theater, mit seinen öffentlichen Pausen, spielt deshalb in dieser Stadt bis heute eine wichtige Rolle. Lesen und, noch mehr, schreiben war hingegen intim.

Jan fiel das Schreiben leichter. Sein Problem lag eher darin, wie einfach ihm vieles von der Hand ging und ihm dadurch bald öd wurde. Auch das Schreiben langweilte ihn nach einiger Zeit. Mir war es hingegen peinlich, wie wenig ich mich langweilte und wie sehr ich mich konzentrieren musste, um überhaupt einen geraden Satz aufs Papier zu bekommen.

Am Telefon erzählte mir ein Freund, er versuche gerade das Prinzip der vier Stunden Nettoarbeitszeit von Heinz Strunk zu übernehmen. Er startet die Uhr, wenn er anfängt zu malen, und stoppt sie für jeden Kaffee. Ich war sofort begeistert, da ich solche Ordnungen liebe. Darum rauche ich und wiederhole bestimmte Handlungen jeden Tag um die gleiche Uhrzeit. Das wirkt etwas zwanghaft, erleichtert mir aber das Leben.

Zwei Tage später radelte Heinz Strunk auf dem Fahrrad an mir vorbei. Er kannte mich nicht, aber ich sah ihn manchmal, da er hier wohnte. Jetzt dachte ich das erste Mal, er wäre ein Spiegel, obwohl er eine getönte Brille, volle Haare und eine Rolex hatte, aber er fuhr fast so langsam wie ich. Aus der Zeitung weiß ich, Strunk nennt es Depression. Das versuche ich zu vermeiden, aber es rutscht mir an manchen Tagen aus dem Mund. Meistens glaube ich, mein Langsamfahren hat damit zu tun, dass es mit meinem Gefühl der Sicherheit als Kind nicht weit her war. Inzwischen finde ich das nicht mehr schlimm. Obwohl ich nicht schnell bin, komme ich irgendwie klar, doch sollte ich mich wohl etwas ernster nehmen. In vielen Dingen bin ich eher lustig mit mir selbst, ich glaube, weil mein Vater sich so wichtig nahm und ich anders werden wollte. Mich nicht ernst zu nehmen, damit habe ich früh begonnen. Schon im ersten Schulzeugnis stand, Hans-Christian hat viel Mutterwitz, während vom Ernst des Vaters nicht die Rede war.

Mit dem Werden zum Künstler war es später schwierig, da ich meine ästhetischen Positionierungen ernst nehmen musste, aber meist schnell wieder wegwollte von dem, was ich gerade behauptet hatte. Das klingt opportunistisch, war aber mehr die Furcht davor, dass ich durch meine Haltung und die möglichen Widerstände, die sie ausgelöst hätten, dazu gezwungen gewesen wäre, mit anderen in Kontakt zu treten. Doch statt diese Nähe zu wagen, verschwand ich lieber in eine andere Rolle.

Heute Morgen hielt ich mich ein paar Stunden für Prinz Harry, weil die Neue Zürcher Zeitung in ihrer heutigen Ausgabe sein Leben als Kampf um die Wirklichkeit beschreibt. Harry hatte den Körper seiner toten Mutter nicht mehr gesehen, da ihr tödlicher Unfall in einer anderen Stadt passierte und nur sein Vater dorthin flog. Aber war Diana wirklich tot oder handelte es sich bei dem Unfall um eine Inszenierung, die seine Mutter als Schlupfloch nutzte, um aus ihrem bisherigen Leben zu verschwinden? Die Vorstellung, seine Mutter könnte irgendwo versteckt leben, quälte ihn.

Die Besprechung von Harrys Autobiografie diagnostizierte dem durch den Verlust der Mutter aus der Wirklichkeit entfernten Sohn eine erschwerte Identitätsbildung, die zu einer anhaltenden »Trauerstörung« geführt habe. Das Wort schrieb ich mir auf, faltete den A5 großen Notizzettel und steckte ihn in die Jackentasche. Als ich in der Buchbesprechung weiter las, Harry habe auf den 400 Seiten der Abhandlung über sich selbst nicht einen einzigen Satz darüber geschrieben, was die anderen und besonders sein Vater Charles gedacht haben könnten, überkamen mich Schuldgefühle. Hatte ich nicht viel zu wenig darüber geschrieben, was mein Vater gedacht haben könnte?

Oft wird der Tod des Vaters als Moment der Befreiung beschrieben. Ich glaube, diesen Moment eines Neuanfangs habe ich verpasst. Dafür habe ich viel mit ihm erlebt, seit er nicht mehr da ist. Die Welt wurde aber auch aus äußeren Gründen eine andere. Unsere gemeinsame Zeit war die Epoche des Neoliberalismus gewesen. Ihr Anfang fiel zusammen mit dem Übergang von der Moderne in die Postmoderne. Einer der letzten großen Momente der scheidenden Epoche soll die Landung von Neil Armstrong auf dem Mond gewesen sein. Daran kann ich mich aber nicht erinnern. Mit Zweidreiviertel war ich noch in jenem Alter, in dem man alles vergisst. Als ich später darüber nachdachte, was gewesen sein soll, entwickelte ich die feste Überzeugung, die Landung auf dem Mond habe gar nicht stattgefunden und sei ein großer Betrug gewesen. Danni sah das auch so. In unseren Gesprächen kamen wir regelmäßig darauf, wie diese Täuschung von den Amerikanern als Filmdreh organisiert worden sei und wie deutlich die Schatten der Scheinwerfer im angeblichen Mondgestein zu erkennen waren. Meine Eltern hatten mich latent antiamerikanisch erzogen. In den USA sei die Wirklichkeit eine große Oberfläche, aus tausend Lügen zusammengesetzt. Dannis Eltern sahen das ähnlich. Unsere 68er-Lehrer waren wegen Vietnam gegen die Amis. Und selbst Punkbands wie Hans-a-plast sangen gegen *Amerikaner.* Außer den Leuten, die ins Kino gingen, waren fast alle gegen die USA.

Dannis Tod folgte knapp fünf Jahre auf ein Ereignis, das rückblickend das Ausklingen des Neoliberalismus in Gang setzte: der Anschlag auf die Twin Towers in New York am 11. September 2001. Als die Nachricht kam, saß ich mit C. am Boden seines Zimmers und wir bereiteten eine Ausstellung vor. Es fühlte sich ein wenig an, als ob wir wie Kinder spielten, auch wenn wir es Arbeit nannten. Danach starrten wir nur noch auf die Fernsehbilder des Angriffs auf die bisher unverletzlich erscheinende Macht. Anderthalb Jahre später erlitt mein Vater einen Schlaganfall und lag wochenlang im Krankenhaus. Dadurch kehrte ich ungeplant an die Orte der Kindheit zurück. Plötzlich bewegte ich mich wieder zwischen ganz vielem, von dem ich glaubte, mich schon lange verabschiedet zu haben. Meine Mutter schrieb zwar immer noch die Rechnungen der Firma, die Aufrechterhaltung des Betriebes, mit dem sie nun plötzlich allein stand, überforderte sie aber völlig. Jetzt bildeten wir, die uns sonst oft fremd waren, eine verschworene Gemeinschaft. Wie bei Jans Zwangserkrankung musste der Schlaganfall das bestgehütete Geheimnis in der Burg der Familie bleiben. Wenn die Wahrheit ans Licht käme, würde alles zusammenbrechen, hieß es. Konkreter drohten hohe Vertragsstrafen, da dem Kunden zugesagt worden war, er könne sich auf die Dienstleistungen der Mobilia, die für den Betrieb der Produktion in seiner Fabrik notwendig waren, verlassen. In diesem Moment der Krise entschied ich oder jener, zu dem ich erzogen worden war, meiner Mutter zu helfen. Dass die Lage dramatisch war, stellte ich nach einer kurzen Durchsicht der Unterlagen fest. Mein Vater hatte sich Vorschuss für einige Jahre gegeben. Menschlich schien das verständlich, es gehörte zu seinen Freuden der Pflicht, in Restaurants zu gehen, Feste zu feiern und die besten Anzüge zu tragen. Das ausgegebene Geld musste aber noch verdient werden. Die Mobilia musste also weiterlaufen, zumindest im plötzlich ordnungsliebenden Blick des Sohnes, um die Entnahmen zurückzuführen. Als Ersatz für das Napoleon-Kostüm aus der Kindheit zog ich meinen Hochzeitsanzug an, da ich sonst nichts Passendes besaß, um von jetzt auf gleich einen Betriebsleiter darzustellen. Frisch rasiert ging ich vor Sonnenaufgang zum Hafen, wo die Schiffe mit den Rohstoffen für die Fabrik entladen wurden, setzte mich zwischen die Zeitung lesenden Arbeiter und gab ihnen leere Anweisungen, da ich gar keine Ahnung hatte, worum es ging. Auf eine Art spielte ich jetzt endlich den Wiedergänger des Hochstaplers Felix Krull und damit jene Figur, die mir meine Mutter nach dem Studium empfohlen hatte. Die Bühne war aber kein Grandhotel, sondern bestand aus Kränen, Gabelstaplern und rohen Betonhallen mit dunklen Flecken. Auf ihr bewegten sich tätowierte, kettenrauchende Männer vor Maschinen mit dem Geruch nach Eisen und Öl. Ich fühlte mich heimelig, obwohl ich gerade aus einer ganz anderen Wirklichkeit kam, aber es waren Orte meiner Kindheit. Zu meinem Erstaunen ging der Betrieb erstmal weiter.

Nach ein paar Wochen klingelte das Telefon in dem Büro, wo ich am Vormittag saß, ohne zu wissen, was ich tun sollte. Die Stimme am anderen Ende der Leitung sagte: In einem Tank bei dem Kunden waren 20.000 Liter vergessenes Öl von unbekannter Qualität gefunden worden. Und wie immer, wenn der Kunde nicht wusste, was er tun sollte, rief er die Mobilia an. Ich hörte erschrocken zu, biss mir auf die Zunge, um mich nicht für meine Ahnungslosigkeit zu entschuldigen, und antwortete freundlich, als würde jemand nach einer Zigarette fragen: Kein Problem, wir kümmern uns darum. Als ich aufgelegt hatte, begann die Anfrage in meinem Kopf unheimliche Kreise zu ziehen, in deren Mitte ich einen Pfeffersack darzustellen versuchte. Nach einigen Umwegen fand ich einen Abnehmer, der das Öl verwenden konnte und bereit war, dafür zu bezahlen. Dem Auftraggeber verkaufte ich es hingegen als Beseitigung von Sondermüll. So konnte die Mobilia auf beiden Seiten kassieren. Für einen Moment hielt ich mich für raffiniert. Das Hochgefühl hielt aber nur kurz vor, danach war es wieder nur anstrengend. Trotzdem stieg ich immer tiefer in das Netzwerk aus Subunternehmern der Mobilia: ein Bahnunternehmen in Luxemburg; ein Bauer, der einen kräftigen, aber schlanken Traktor besaß, mit dem Walzen in der engen Fabrik manövriert werden konnten; ein alter Baggerfahrer, der den Schlamm aus dem Fluss heben konnte, oder jener Versicherungsagent, mit dem ich die Policen erst im Moment des Unfalls abschließen konnte. Dass ich ernst genommen wurde, erstaunte mich. Ich stellte mir aber vor, sobald ich mich abwendete, würden alle Betriebsangehörigen über mich lachen. Dass mir letztlich relativ viel gelang, führe ich auf meine im Kunststudium erlernte Fähigkeit zurück, intuitiv zu tun, was ich gar nicht konnte. Und während ich fast jedes Mal, wenn ich die Augen schloss, den tiefen Fall sah, schwamm ich weiter auf das unbekannte Gewässer hinaus.

Mein Vater, der sich langsam erholte, ließ mich einfach machen. Es lief ja, und er bekam monatlich sein Geld. In den drei Jahren, in denen ich meine Rolle als Betriebsleiter darstellte, tauchte er nur ein einziges Mal auf. Plötzlich stand er an der Kaimauer und brüllte die Arbeiter an, sie wären zu langsam. Die Überraschten lachten, da er der Alte geblieben war. Nach einem kurzen Moment des Wiedersehens ging er über die Brücke zur Fabrik. Von meinem

Standpunkt konnte ich erkennen, wie an der anderen Seite des Flusses der Fabrikdirektor langging und die beiden einander, so als seien sie verabredet, in die Arme liefen. Kaum sprachen sie miteinander, geriet mein Vater in Rage. Der Direktor, ein hochgeschossener Mann, wusste nicht, wie ihm geschah, als mein Vater nun nicht nur brüllte, sondern begann, ihn zu schubsen und an den Hals zu greifen, als wollte er den besten Kunden erwürgen. Wie lange das Gerangel dauerte, kann ich nicht sagen. Am Ende lief der Direktor mit hochrotem Kopf in schnellen Schritten weg. Mein stehengelassener Vater stampfte noch kurz auf der Stelle und kehrte über die Brücke zurück. Besorgt fragte ich, was gewesen sei. Er schnaubte nur: »Der wurde frech. Da musste ich ihn langmachen.« Anschließend stieg er in seinen BMW und rauschte davon.

Am Tag danach wurde ich in die Fabrik gebeten. Der Direktor war zu empört, um mit mir zu sprechen. Stellvertretend teilte der Einkäufer mir mit, mein Vater habe sich noch überdrehter als sonst verhalten und ich habe ihn wohl auch nicht im Griff. Für ihre Produktion sei es zu riskant, weiter zusammenzuarbeiten. Sie kündigten jetzt alle Verträge. Ich schluckte. Drei Jahre meiner Mühe, das Geschäftsverhältnis zu erhalten, lösten sich innerhalb von Sekunden auf. Nach einer kurzen Schockstarre, während der ich noch in meiner Entfremdung verharrte, jubelte es in mir, wenn auch etwas unterdrückt, dass der gelebte Albtraum zu Ende ging. Noch eher beklommen verhandelte ich die Konditionen der Vertragsauflösung, entließ alle Mitarbeiter und liquidierte einen Großteil der Mobilia. Es war die Beendigung der Geschäftsbeziehung zwischen der Fabrik und unserer Familie nach über hundert Jahren. Mein Vater hatte es zwar modisch »Outsourcing« genannt, aber eine Reihe der Arbeiten, wie das Entladen der Schiffe, waren schon von unseren Vorfahren erledigt worden. In einer Anwandlung von Sentimentalität druckte ich zum

Abschied eine sepiafarbene Karte. Sie zeigte ein Foto, auf dem Urgroßvater Hermann in der Zeit vor dem Ersten Weltkrieg mit einem kleinen Jungen an der Hand, Opa Hans, auf dem Kai vor einem Kran stand, genau dort, wo ich in den letzten drei Jahren viele Stunden meiner Lebenszeit verbracht habe.

Während ich liquidierte, schmollte mein Vater, da er das Geschäft der Entladung der Schiffe als sein angestammtes Recht betrachtete. Die Kündigung akzeptieren konnte nur so ein Schwächling wie ich. Aber mein Vater hatte noch andere Firmen, mit denen er seine Souveränität beweisen konnte. Dann fiel der Vorhang. Nachdem ich drei Jahre auf der Bühne gestanden hatte, wusste ich wieder mal nicht so genau, wer ich war.

Ein halbes Jahr später erschien mein erstes Buch *Speed,* eine Art Sachbuch, das ich nebenher im Büro zu Ende geschrieben hatte. Das Buch wurde ein kleiner Erfolg, brachte aber den Rest meines künstlerischen Selbstbewusstseins ins Wanken. War ich nicht mal ausgezogen, um eine Stimme zu finden, versteckte ich mich hinter einem Thema? Oder wollte ich gar keine eigene Stimme und war ganz froh, diese Suche hinter mir gelassen zu haben? Nach einigen Veranstaltungen und einer Talkshow, die mir den Rest gab, verstummte ich.

Drei Jahre vergingen, von denen ich nicht genau sagen kann, was ich getan hatte, außer Vater eines Kindes zu sein. Der Zustand einer benommenen Schreibblockade endete nach einer Operation. Den Anschub gab eine Krankenschwester, die ich um Nachschlag von einem Schmerzmittel bat. Sie stand am Ende des Bettes und sagte, während sie die stecknadelkopfgroße Pille im Design einer Billardkugel zwischen ihren Fingern drehte: »Am Hauptbahnhof zahlen Sie achtzig Euro dafür.« Das sei jetzt aber die letzte, die ich von ihr bekomme. Sie gab mir das starke Schmerzmittel und langsam wanderte die Wärme von den Fußspitzen durch den ganzen Körper. Bedurfte es dieses Moments der von ihr angesprochenen Abhängigkeit, um mir selbst zu helfen? Jedenfalls entdeckte ich jetzt wieder das Schreiben als Möglichkeit, Glücksmomente mit den eigenen Fingern herzustellen. Es war nicht besonders erwähnenswert, was ich zunächst zu Papier brachte. Schreiben erlaubte mir ein Gefühl der Selbstbestimmung. Damit dieses Gefühl nicht aufhörte, gewöhnte ich mich an Routinen, versuchte zu schreiben, wie ich rauche, ziellos und ohne Unterbrechung. Ich schrieb nun jeden Morgen, sieben Tage die Woche. Viel von dem, was ich schrieb, habe ich weggeschmissen. Auf geheimnisvollen Umwegen entstand trotzdem das zweite Buch *Morgen werde ich Idiot.*

Als ich vor vierzig Jahren in der Bewerbung meine Motive formulieren musste, warum ich Kunst studieren wollte, schrieb ich: »Mein Ziel ist, ein Mensch zu werden, dessen Bewusstsein sich innerhalb eines Tages bewegt, für den es kein Gestern und kein Morgen gibt.« Die Gegenwart war damals, als es noch kein Internet gab, anscheinend ziemlich anziehend. Heute wird die Gegenwart wieder aufregend, wenn sich der Akku entleert.

5%. 4%. 3%. 2%. 1%.

Ruhezustand, steht als letztes Wort auf dem Bildschirm, bevor er sich verdunkelt. Durch die schwarze Stille des Displays wandere ich in ein Jetzt, das ich sonst kaum fühlen kann. Als meine Mutter mich in dem Restaurant anrief und mir Jans Tod mitteilte, konnte ich nicht weinen. Tausend Worte waren wahr geworden. Ich fühlte mich einfach leer.

Verzweiflung erinnere ich, als ich Jan wenige Monate nach dem Tod unseres Vaters nicht erreichen konnte. In der Vorstellung strandete ich beim Äußersten. Wie ferngesteuert rief ich die Polizei an. Nein, sie fänden im Computer keinen Eintrag, dass dieser Person etwas zugestoßen sei, gingen dem aber nach. Kaum hatte ich aufgelegt, schämte ich mich für mein übergriffiges Verhalten. Einige Tage später erhielt ich einen Brief von einem Anwalt, sein Mandant, mein Bruder, »verbitte« sich derartige Handlungen in »vermeintlicher Sorge«, es bestehe keine »Gefahrensituation«. Drei Jahre später nahm Jan sich das Leben.

In den Monaten vor seinem Tod hatte ich zaghaft versucht, ihn zu erreichen. Entgegen allen Empfehlungen und obwohl nach der Auszahlung keine Ansprüche auf seiner Seite mehr bestanden, wollte ich ihm die Zahlung eines regelmäßigen Unterhalts anbieten, was, nachdem mir ein großes Geschäft gelungen war, auch vorläufig möglich gewesen wäre. Ich ahnte, er war wieder pleite. Dass er es tatsächlich war, erfuhr ich erst später. Auch dass er sich wieder in die Klinik eingewiesen hatte, wusste ich noch nicht. Ich telefonierte einfach ins Leere und dachte, er wollte mich nicht sprechen. Vielleicht hätte ich es hartnäckiger versucht und wäre zu ihm gefahren, wenn es damals den Brief nicht gegeben hätte.

An Jans erstem Todestag betrachte ich das Foto des Anwalts, der den Brief geschrieben hatte, im Internet und versuche mir vorzustellen, wie er in Jans vom jahrelangen Tavor-Gebrauch starres Gesicht blickte und das weitere Vorgehen erörterte. Auf der Basis eines Erfolgshonorars vertrat er meinen Bruder bei der Klage gegen seine Mutter. Um einen möglichst hohen Pflichtteil aus dem Erbe des Vaters zu erzielen, fuhren die beiden schweres Geschütz auf und erfanden immer neue Taktiken, um die gegnerische Mutter zu zermürben, bis das Maximum herausgeholt werden konnte. Der Anwalt hat bisher keine Bewertung im Internet. Ich überlege, ihm eine zu schreiben.

Jan hatte, wie ich später erfuhr, das erstrittene Geld aus dem Erbe seines Vaters innerhalb weniger Monate für Onlineshopping und -dates durchgebracht. Die Zeit, die er dafür brauchte, hatte ich scheinbar recht genau abgeschätzt. Als der Fluss aus Päckchen und die Treffen in Hotels versiegten, stürzte ihn der Entzug in die Depression. Da sein Zustand immer unaushaltbarer wurde, wies er sich selbst in eine Klinik ein. Was dort passierte, werde ich nie erfahren, da es unter Datenschutz fällt. Meine Mutter versuchte, ihn, nachdem ich die Nummer ermittelt hatte, mehrmals anzurufen. Er weigerte sich, ans Telefon zu gehen. An einem Wochenende mit Ausgang, einem »Stresstest«, nahm er die Überdosis.

Tabletten waren schon lange sein Mittel der Wahl. Das von ihm jahrelang eingenommene Tavor unterbricht den Fluss bestimmter Signale im Nervensystem, wodurch das Bewusstsein die Angst ausblendet. Die kleinen blauen Pillen, ein Bestseller unter den Psychopharmaka, führen schnell zur Abhängigkeit. Als Entzugserscheinungen listet der Beipackzettel: »Delirium tremens, Depressionen, Halluzinationen, Manie, Psychose, Krampfanfälle und Selbstmordgedanken/-versuche.«

Ich träume oft davon, zu spät zu kommen. Im Wachzustand bin ich hingegen meist pünktlich, aber bei Jans Beerdigung passierte es dann. Zuerst stoppte ich den Wagen eine Stunde zu früh an einem mir unbekannten Ort. Es sollte kein Friedhof sein, sondern ein Wald. Das hatte man mir gesagt. Doch es gibt viele Wälder. Ich überprüfte die Adresse auf dem Telefon. Es antwortete, mein Standort sei noch eine halbe Stunde vom Ziel entfernt. Aus einem Missverständnis mit dem Gerät fuhr ich dorthin und kam zu einem Wohnhaus, das offensichtlich nichts mit der Beerdigung zu tun hatte. Erschrocken drehte ich um und raste zurück, um zitternd auf die letzte Schaufel anzukommen. Das Grab schloss sich. Die Szene malte ein beschämendes Bild davon, wie wir uns im Leben verpasst hatten.

Zu meinen Aufgaben nach Jans Tod gehörten einige Anrufe, wie der beim Bruder unseres Vaters. Ich rief ihn das erste Mal seit Jahren, wenn nicht seit Jahrzehnten an. Er war mein Patenonkel, Jan hatte aber im Unterschied zu mir in engem Kontakt mit ihm gestanden. Als ich anrief, wirkte er von der Nachricht, »er hat sich das Leben genommen«, überrumpelt. Wie ein leicht verschobenes Echo wiederholte der Onkel, »Selbstmord«, als sei es die Handlung aus einer fernen Welt. Ihm war nie aufgefallen, wie oft Jan den Raum verließ, um sich die Hände zu waschen, oder welche Spuren das Tavor an seinem Gesicht hinterlassen hatte, dass er nicht einfach dick war, sondern aufgequollen von der Chemie, die seine Ängste unterdrücken sollte. Es überraschte mich und dann wieder nicht. Jetzt erfuhr ich von meinem Onkel, Jan hatte vor einiger Zeit mit ihm gebrochen, wie er es mit so vielen getan hatte. Zum Schluss erhielt er einen von Jans gnadenlosen Briefen, die alles beendeten. Mehrmals gebrauchte der durch seinen Beruf im Umgang mit Sprache geübte Onkel, ein Anwalt, während des Gesprächs ein aus der Zeit gefallenes Wort: Nie wäre er auf die Idee gekommen, Jan könnte *gemütskrank* sein. Er sagte es, als ob er einen fremden Geschmack im Mund spüre. Dann kam er auf seine eigenen Verletzungen zu sprechen. Nach dem Telefonat brach unser Kontakt ab. Das kam nicht überraschend, aber auch andere, mit denen ich enger war, verschwanden aus meinem Leben. Umgab mich ein übler Geruch? In einem Buch las ich, ein Selbstmörder bringe »Schande« über die Familie. Schande klingt nach einer anderen Zeit, das Buch war aber neu. Hätte ich es nicht gelesen, wäre mir der Gedanke gar nicht in den Sinn gekommen. Ich fragte mich, wie Jans Entscheidung den Blick auf mich verändert hatte? Oder wussten alle, dass Jan in mir schon vor dreißig Jahren jenen erkannt hatte, der ihn ermorden wollte?

Tippe ich den Namen Dany in eine Suchmaschine, führt sie mich zu der Winzerei und Saftmanufaktur *Witwe Peter Dany*. Sie wurde aber schon vor zehn Jahren liquidiert.

Wirklich verwandt fühle ich mich mit diesem Teil der Familie auch nicht, da mein Ururgroßvater Jacob die Familienlinie an der Mosel bereits 1880 verließ und nach Schleswig-Holstein ging, wo er in Uetersen eine Baufirma gründete, die knapp hundert Jahre später in der vierten Generation in den Konkurs ging. Heute scheint der Name Dany ohne großen Ruf. Selbst der Pudding mit Sahne, der lange Zeit vielen einfiel, wenn sie meinen Namen hörten, ist aus der Mode gekommen. Da der Name in Norddeutschland selten ist, muss ich oft erklären, dass ich nicht Daniel bin, der sich mit seiner Kurzform vorstellt.

Meine Cousinen sind Anwältinnen in größeren Kanzleien. Anständige Leute bestimmt, aber ohne einen öffentlichen Namen, der sich mit Schande überkippen ließe, außer bei den Nachbarn, in der Firma oder den Rotariern.

Meinen Eltern war wichtig, was die Leute denken. Ich sollte etwas Anständiges darstellen, aus Dankbarkeit gegenüber der Familie. Diese Aufgabe habe ich früh gegen die Wand gefahren. Bis heute erinnert mich meine Mutter trotzdem regelmäßig daran: »Wir hatten das Glück traumhafter Vorfahren.« Die Linie ihrer Ahnen wirkt dabei etwas gediegener als die etwas protzigen Bauunternehmer mit Pelzmänteln auf der Seite meines Vaters. Dass ich das Klassenziel nicht erreicht habe, daran gebe ich mir nicht allein die Schuld. Obwohl die bürgerliche Herkunft von meinen Eltern oft hervorgehoben wurde, fehlten schon meiner Kindheit die Markierungen, die zu einer solchen Existenz gehören. Weder spielte ich Hockey noch Klavier und mein kleines Latinum war unter aller Sau. Auch sah ich nicht aus wie jener, der von mir erwartet wurde. Ich wollte auch nicht so aussehen und wünschte mir Wrangler Jeans, die alle trugen, statt den Chichi-Hosen aus Paris, die ich tragen musste. Nicht zuletzt fehlte mir das fordernde Auftreten, das selbstverständlich annahm, die Welt stehe einem zu. Ich hingegen bekam einen roten Kopf, wenn ich flüsternd um etwas bat, bedankte mich zu oft und bewegte mich wie jemand, der am liebsten gar nicht da wäre. Da mich mein fehlerhafter Auftritt belastete, übernahm ich ab einem bestimmten Punkt die Verantwortung. Durch Schulabbruch, militärische Untauglichkeit, einen asozialen Lebenswandel wie einen wenig standesgemäßen Umgang verließ ich jene Gesellschaft, zu der ich gehören sollte. Der Ausstieg, der sich mit einer Lust am kargen Leben verband, formte lange meinen Schutzraum. Die großartigen Vorfahren geistern aber weiter durch meinen Kopf und an manchen Tagen schäme ich mich für jenen, den ich aus mir gemacht habe.

In der Familie des Vaters wirken die »traumhaften Vorfahren« genussorientierter, wie ein gewisser Sebastian im 16. Jahrhundert, von dem ein Zeitungsartikel behauptet, er sei über den Tag von fünf verschiedenen Liebhaberinnen so lange gefüttert worden, bis sein von der Fettsucht bedrücktes Herz mit 35 Jahren aufgab. Eine ganze Generation, fünf Brüder, wanderte am Anfang des 20. Jahrhunderts in die weite Welt und landeten in New York oder Bahia, wodurch ich wenig über sie weiß. Allein mein Urgroßvater Hermann kehrte nach Norddeutschland zurück und baute die Tiefbauunternehmung auf. Doch waren es nicht nur Männer, die Anekdoten der Familie belebten, es gab auch jene Großtante, von der es hieß, sie habe kein Geld mehr nach den vielen Partys, was sie aber nicht davon abhielt, mich weiterhin mit ihrer langen Zigarettenspitze und sonnendurchfluteten Champagnerschalen zu beeindrucken.

In der Familie der Mutter herrschte die Disziplin der Kaltduscher. Der Russlandheimkehrer trank am Morgen um fünf seinen Bommi mit Pflaume, bevor er mit der Gartenarbeit begann, und für das Verlängern des Kaffees mit Cognac gab es die stehende Formulierung »mit Salz«. Alkohol war eine Sache, eine andere die Beschwörung der

Selbstbeherrschung. Diese sollten auch die Insassen auf der Gefängnisinsel Hahnöfersand lernen, die mein Urgroßvater mit zwei Psychologen nach dem Ersten Weltkrieg aufgebaut hatte. In der ersten offenen Haftanstalt entschieden die Häftlinge, ob sie in ihren Zellen blieben und wie sie ihr Leben in die Hand nehmen wollten. Die fortschrittliche Anstalt auf der Halbinsel am südlichen Ufer der Elbe diente als Kulisse des Romans *Deutschstunde* von Siegfried Lenz. Der Häftling Siggi Jepsen, den Lenz erfand, muss, um sich der Schuld, die er auf sich genommen hatte, zu entledigen, einen Besinnungsaufsatz über die »Freuden der Pflicht« verfassen. Der Sohn eines Polizisten solidarisiert sich darin mit einem heimlich bewunderten Maler, einem Wunschvater, gegen die Ordnung, die sein leiblicher Vater durchsetzen soll. Als Vorlage für den Künstler wählte Lenz Emil Nolde. Der Expressionist, der im Roman den Fluchtpunkt gegen die falsche Ordnung verkörpert, gehörte, wie später rauskam, in Wirklichkeit zu jenen, denen es lange Zeit gelang, einen Mythos der Unschuld um ihre Person zu inszenieren. Erst vor einigen Jahren, lange nach dem Erscheinen von Lenz' *Deutschstunde,* trat Noldes Vergangenheit als gebückter Parteigänger und Antisemit ans Licht. Im Dritten Reich hatte der Maler trotz »Malverbot« dann doch so viel Geld mit seinen Bildern verdient, dass er für das Entnazifizierungsverfahren seine Steuererklärungen aus der Zeit fälschen musste. Der ahnungslose Lenz, der die vorgetäuschte Unschuld von Nolde als echt literarisierte, gehörte zu dem allgegenwärtigen Gewissen meiner Kindheit. Der Nazi-Mitläufer Nolde war nicht nur die verlogene Vorlage für den guten Geist auf der Gefängnisinsel, wie Siggi ihn beschreibt, er war auch Gast meiner Urgroßtante Clara Tiedemann. Gemeinsam mit ihrem Mann hatte die ehemalige Schauspielerin in Kampen auf Sylt ein Haus gebaut und führte darin seit den frühen Zwanzigern die Ferienpension Kliffende in Kampen, in der neben Nolde auch

Thomas Mann, Ernst Toller oder Hermann Göring die Sommerfrische verbrachten.

Mann schrieb in das Gästebuch: »Nicht Glück oder Unglück – der Tiefgang des Lebens ist es, worauf es ankommt«, und dass er wiederkommen wolle. Noldes Gästebucheintrag fiel schlichter aus, er schrieb, wie irre er hier gesoffen habe. Und Göring fiel nichts ein.

Die Promi-Wirtin mit dem Weinkeller, der sich an den Standards des Frankfurter Hofs orientierte, gilt als Pionierin von Sylt als Paradies des Highlife. Bevor dessen Renaissance nach dem Krieg einsetzte, schloss meine Urgroßtante ihr Gästehaus 1955 und widmete sich danach dem Schreiben, wodurch ich mich mit ihr verbunden fühle. Warum sie schrieb, weiß ich nicht. Was sie beschrieb, war der oft staunende Blick auf ihre Gäste.

Heute, am 18. Mai 2023, jährt sich der Tod meines Vaters zum fünften Mal. Dass er sterben würde, war absehbar, seine Krankheit hatte ihn schon länger gezeichnet. Die Umwälzungen der Welt, die kurz darauf folgten, kamen überraschender, doch nicht aus dem Nirgendwo. Die Pandemie gab es seit Jahrzehnten als Prognose. Die Kriege in Europa und dem Nahen Osten hatten sich lange hochgeschaukelt und nach fast fünfzehn Jahren des billigen Geldes musste die Inflation kommen. Die Überproduktion, in der sich der Westen eingerichtet hatte, konnte schon lange nicht mehr so weitergehen. Jetzt fielen die Lebensentwürfe aus ihren Nestern.

Schreiben erscheint für mich wie ein Seil, an dem ich mich festhalte und darauf warte, wie die nächste Schicht der Gewissheiten einbricht. Während die alten Wahrheiten zerfallen, sehe ich auf den Straßen Gesichter, die versuchen, sich so zu bewegen, als ob nichts wäre.

In Hamburg, wo ich wohne, tun viele Menschen so, als hätten sie mit all dem nichts zu tun. Sie stehen einfach in einer gewachsten Jacke daneben und sehen zu, wie alles an ihnen abperlt. Obwohl ich Uniformen mag, habe ich den längsten Teil meines Lebens keine Barbourjacke besessen. Kurz vor dem Tod meines Vaters kaufte ich mir aber eine, doch verstrich ein Jahr, bis ich die Jacke zum ersten Mal überzog.

Jan besaß viele Barbourjacken. Ich kann mich aber nicht erinnern, unseren Vater je in einer gesehen zu haben. Meine Barbour wirkte nach drei Jahren schon etwas angefasst. »Abgewetzte Barbourjacken, das führt zu nichts«, schreibt Christian Kracht am Anfang von *Faserland*. Die Erzählung beginnt auf Sylt. Obwohl wir selten in den Urlaub fuhren, verbrachten wir dort einmal die Ferien. Mein Vater kam aber nur an den Wochenenden, da er wie immer arbeiten musste. Bei einem seiner Besuche aßen wir an der frisch eröffneten Gosch-Bude in List ein Krabbenbrötchen. Scampi mit Knoblauch, wovon dem Erzähler in *Faserland* schlecht wird, gab es noch nicht.

Während des Urlaubs zeigte mir meine Mutter das Haus Kliffende, von dem sie schon oft gesprochen hatte, und der Vater ging mit mir zur »Springer-Burg«, wie das Ferienhaus des Verlegers mit dem sich anschließenden Klenderhof genannt wurde. Mächtige Männer interessierten ihn.

Springer bekamen wir damals nicht zu Gesicht. Erst viel später erfuhr ich: Er taufte seinen Sohn wie sich selbst Axel. Der Sohn gab sich später den Namen Sven Simon, ein Alias, auf den ich jetzt in den Fußnoten des Wikipedia-Eintrags zur Pension meiner Urgroßtante stoße.

Um sich als Sohn eines von vielen gehassten Vaters zu schützen, trug Sven Simon oft eine Smith & Wesson Chiefs Special bei sich, die aufgrund ihres kurzen Laufes »Stupsnase« genannt wird. Die fünfschüssige 9mm-Pistole hielt er in den frühen Morgenstunden des 3. Januar 1980 in der Hand, als er an der Alster, unweit seiner Wohnung, aufgewühlt hin und her rannte, bis er sich auf einer Parkbank nach Art eines preußischen Offiziers die Kugel gab.

Wenige Stunden später wurde Rudi Dutschke auf dem St. Annen Friedhof in Berlin-Dahlem beigesetzt. Der ehemalige Studentenführer war drei Jahre älter als der 38-Jährige, der sich am Morgen getötet hatte. Gretchen, Rudis Witwe, sagte: »Sven Simon hat sich umgebracht, um für seinen Vater zu büßen.«

Ich glaube, Jan wollte nicht für unseren Vater *büßen*. Jan betrachtete unseren Vater die meiste Zeit seines Lebens weniger als schuldig, denn als Opfer meiner Mutter. Eine Sicht der Dinge, die sich leicht verändern sollte, als das Testament anders ausfiel als erwartet. Wenn ich an Jan denke, wird mir bewusst, er bleibt mir ein Rätsel. Ich überlegte kurz, die Tavor zu nehmen, um ihn besser zu verstehen, aber ich würde vermutlich nur aufhören zu schreiben. Wir haben wohl einfach zu weit entfernt voneinander gelebt. Jan sammelte Barbourjacken. Das verstand ich schon. In anderen Familien hat man Gefühle, bei uns gab es Kleidung. Ich habe mir nach dem Tod von Jan meine zweite Barbour gekauft.

Der Generalbevollmächtigte von Axel Springer hieß Christian Kracht. Der Angestellte taufte seinen Sohn nach Art des Chefs auf den eigenen Namen. Dieser Sohn, der wie ich 1966 geboren wurde, schrieb mit Ende zwanzig eben jene Erzählung *Faserland,* in der es die ganze Zeit um Barbourjacken geht. Getragen werden sie auf einer Reise durch Deutschland. Die beginnt ganz im Norden unweit der »Springer-Burg«, dort, wo Krachts Vater wortlos am Champagner nippte, wenn der Chef wieder einmal seine Launen an ihm ausließ. Die Liegenschaft hatte Springer 1962 erworben, sieben Jahre nachdem meine Urgroßtante ihr nur wenige hundert Meter entfernt gelegenes Haus Kliffende an die Deutsche Bank verkauft hatte. Im letzten Sommer der Pension arbeitete meine Mutter dort, was viele ihrer Vorstellungen ausgelöst haben muss, wie das Leben sein könnte.

»Hier auf Sylt stand die Flak, sozusagen auf vorgezogenem Posten, und die Engländer waren hier stationiert nach dem Krieg, und als Kind habe ich in den letzten Bunkern gespielt«, schreibt Kracht in *Faserland.* Mich haben diese Bunker als Kind fasziniert. Sah ich in ihnen die Schutzräume, die mir fehlten?

Die Bewohner von Sylt waren dem Nationalsozialismus leidenschaftlich zugewandt. Folge ich der Chronik der Insel, handelte es sich bei der Pension Haus Kliffende um einen der wenigen Treffpunkte derer, die dem NS-Regime widerstanden. Meine Urgroßtante Clara beschreibt ihre Haltung zurückhaltender. Sie kehrte nicht unter den Tisch, dass ihr Haus vom deutschen Abgrund befleckt wurde. Wie viele Orte, an denen eine Mischung aus Highlife und Kunstwelt das Leben genoss, gefiel einigen Top-Nazis auch das Haus Kliffende mit seiner Mischung aus unberührt erscheinender Natur, der etwas unheimlichen Nähe zum Abgrund des Meeres, Champagner, frischem Hummer und internationalen Gästen, die in Kairo oder London von diesem Ort gehört hatten.

In ihrem nach der Schließung der Pension veröffentlichten Buch *Kampener Skizzen* schildert die Urgroßtante, wie sich eines Tages, während sich alle Gäste am Strand vergnügten, der Vater von Roland Freisler, einem Stammgast, in das leere Haus schlich und minutenlang den Stuhl betrachtete, auf dem sein missratener Sohn, der künftige Präsident des Volksgerichtshofs, als welcher er zum Gesicht der NS-Justiz werden sollte, seine Mahlzeiten einnahm. Die Wirtin lud den alten Mann ein, er möge doch zum Abendessen bleiben. Der wollte aber nur weg. Ihre knappe, auf die menschliche Enttäuschung des Fremden über die entsetzliche Karriere des Sohnes konzentrierte Erzählung, fast ein Protokoll, trägt den Titel »Der Vater«.

Eine andere Selbsterzählung meiner Urgroßtante aus dieser Zeit veröffentlichte Sven Simon 1980, kurz vor seinem Freitod an der Alster, in dem von ihm herausgegebenen Buch *Sylt. Abenteuer einer Insel.* Die Urgroßtante schildert darin den Gast Hermann Göring, der sich im Sommer 1933, kurz nach der Machtübernahme in das der Pension angeschlossene Blockhaus eingemietet hatte und ins Haupthaus zum Essen kam. Einige Tage nach Görings Ankunft hörte die Urgroßtante einen Musikzug auf das Haus zukommen. Sie dachte, es sei zu Ehren des bekannten Gastes, der gerade zum Ministerpräsidenten ernannt worden war. Die SA kam aber mit 400 Mann zu ihr, da sie nicht geflaggt hatte, und hisste eine ihr für 24 Stunden »leihweise« zur Verfügung gestellte Hakenkreuzfahne vor dem Haus, um anschließend das Horst-Wessel-Lied zu singen. In ihrer Empörung über die Einmischung schrieb sie anschließend einen Beschwerdebrief, adressiert »An die SA von Deutschland«. Als Göring zum Abendessen kam, bat sie ihn zwischen den Gängen, ihren Brief an die richtige Stelle zu bringen. Der als Bote angefragte Ministerpräsident las den Brief und antwortete: Man habe ihm geraten, er solle bei ihr ausziehen, da es genug wohlgesonnene Wirte auf der Insel gäbe, die die Flagge hissen würden. Die Großtante fragte nun, was er persönlich von der »Flaggenparade« hielte? »Ja, Frau Tiedemann, es ist ja nun heute so, dass, wenn Sie ins Ausland kommen, überall aus Höflichkeit die Flagge gehisst wird.« »Aus Höflichkeit hätte ich gern geflaggt«, erwiderte darauf die Urgroßtante, »aber ich habe gedacht, wer die Hakenkreuzflagge hisst, bekennt damit: Ich bin Nationalsozialist, und hier weiß jeder, dass ich es nicht bin.« Man habe ihr das nicht erklärt. Göring hätte gelächelt und am Morgen danach für den nächsten Sommer gebucht, da er sich verliebt hatte in die rote Grütze, die es schon zum Frühstück auf ihrem berühmten »Schwedentisch« gab. Als meine Urgroßtante kurz darauf unter

Spionageverdacht geriet, soll Göring, um den geplanten Sommerurlaub nicht zu gefährden, schützend seine Hand über sie gehalten haben, wovon meine Urgroßtante aber nur über einige Ecken erfuhr. Der Urlaub fiel trotzdem ins Wasser, da der Röhm-Putsch dazwischenkam.

Auf eine Haltung, die das Involviertsein noch weniger von sich weist, stoße ich in einem faksimilierten Dokument im Internet. Es handelt sich um eine aus dem Glücksburger Telefonbuch zu Archivzwecken gescannte Seite, die den Eintrag meines Urgroßvaters Hans-August Matz zeigt. Der Schwager, der mit Agnes, der Schwester der schreibenden Pensionswirtin, verheiratet war, befand sich bis 1953 in sowjetischer Kriegsgefangenschaft. Im Lager überlebte er mehrere Todesurteile und kehrte als 68-Jähriger mit den letzten Heimkehrern zurück. Im Dritten Reich hatte Hans-August, das NSDAP-Mitglied Nummer 1.019.520, als General beim Reichsarbeitsdienst in Stettin im Gau Pommern gedient. Seinen NS-Titel in leitender Funktion führte er »a. D.« noch in der BRD vor seiner Telefonnummer. Er habe ihn nach der Kapitulation bis zu seinem Tod mit Stolz getragen, da er die Auffassung vertrat, er habe gesühnt, erklärte mir einer seiner Enkel. Dann dachte ich: Hätten nicht alle Deutschen ihre Vergangenheit im Telefonbuch ausweisen sollen, statt wie Emil Nolde, Günter Grass, Helmut Schmidt oder Hanns-Martin Schleyer ihre Schuld schönzuschreiben?

Der Sohn von Hans-August, Hans-Helmut, der 1928 als achtzehnjähriger Jungunternehmer die Idee der Ausschlachtung von Autos in Norddeutschland eingeführt hatte, ging bereits vier Jahre nach der Gründung seiner Firma eine Zeit lang zum Zirkus Sarrasani. Seine umtriebige und vielseitige Suche nach Geschäftsmöglichkeiten war nicht allein den bewegten Zeiten geschuldet, es hatte in der Familie Tradition. Hans-Helmuts Großvater Hans-

Jürgen begann als Weinhändler in Flensburg und gründete bald eine Fabrik für Rum. Aus den Gewinnen des Matz-Rums finanzierte er 1880 den Bau eines Hotels nach Vorbild des Vier Jahreszeiten in Hamburg. Den Flensburger Hof, der eine halbe Million Goldmark gekostet haben soll, veräußerte er bereits dreizehn Jahre nach der Eröffnung, da sich seine Leidenschaft inzwischen einer Schokoladenfabrik zugewandt hatte. Sie übernahm nach seinem Tod der Sohn Hans-August und benannte sie in Kosmos Schokoladenwerke um. Der große Name ging 1926 in den Konkurs. Hans-August verdiente danach einige Jahre sein Geld mit dem Recycling abgefahrener Autoreifen, bevor er zum Reichsarbeitsdienst ging.

Was bis heute existiert, ist neben der Autoersatzteil-Firma das Hotel. Die Besitzerfamilie, die es nach dem Verkauf meines Ururgroßvaters über dreißig Jahre lang betrieb, wurde nach der Machtergreifung wegen ihrer jüdischen Abstammung für einen Spottpreis enteignet, was im tiefbraunen Flensburg von einer breiten Öffentlichkeit mitgetragen wurde. Statt Hotelgäste zu empfangen, diente das Haus nun als Hauptquartier der Gestapo, und im Seitenflügel logierte die SS.

Zwölf Jahre später sollte das ehemalige Hotel noch einmal die beste Gesellschaft für eine irre Fußnote der Geschichte empfangen. Einige hundert SS-Leute und führende Nazis setzten sich nach der endgültigen Niederlage in einem Korso von Mercedes-Limousinen von Berlin über Schwerin nach Flensburg ab. Am Ende der »Rattenlinie Nord« trafen sich die Top-Nazis im ehemaligen Flensburger Hof am 22. Mai 1945. Ihr Plan war, vierzehn Tage nach der bedingungslosen Kapitulation, in einer Sportschule im nahegelegenen Mürwik eine neue Regierung für ein Viertes Reich zu gründen. Dazu kam es nicht mehr. Die Briten nahmen die Elite der Geisterfahrer im Flensburger Hof fest. Am Morgen des 23. Mai wurden die Inhaftierten fotografiert. Wie abgerissene Flüchtlinge sahen der Architekt Albert Speer, Großadmiral Karl Dönitz und Generaloberst Alfred Jodl beim Posieren nicht aus. Das Trio wirkte wie aus dem Ei gepellt. Meine Mutter feierte am Tag danach ihren fünften Geburtstag. Bis heute wird die Gestapo-Zentrale im ehemaligen Hotel als Polizeidirektion der Stadt genutzt. Der Bauherr, Ururopa Hans-Jürgen, bekam davon, wie sein Hotel zu einem Rattenloch wurde, nichts mehr mit. Er starb bereits im Jahr vor dem Ausbruch des Ersten Weltkriegs.

Der Geist des Reichsarbeitsdienstes, der »Soldaten der Arbeit«, tönt noch in vielen Kritiken von *Faserland* nach, die den nichtsnutzigen Schnösel, sei es die namenlose Hauptfigur oder den Autor Kracht, die ohne Arbeit durchs Leben kommen, am liebsten zur Umerziehung ins Lager schicken wollen.

Der Reisende in *Faserland* sagt, »Halt's Maul, du SPD-Nazi«, und sprach mir aus der Seele. Christian Krachts Fahrt durch Deutschland wirkte auf mich wie eine Erweckung, deren Ausmaß ich erst langsam verstand. Jeder Versuch zu leben in diesem Land war von den Echos jener Vergangenheit durchkreuzt worden, die ich nie erlebt habe. Aber stimmt das? Lebe ich nicht mit ihren Gespenstern?

Meine Eltern, die trotz ihrer emotionalen Distanz sehr anwesend waren und es im Falle meiner Mutter noch sind, wurden beide in den Jahren der deutschen Mobilmachung geboren. Ihre ersten Erinnerungen liegen im Krieg und der Nachkriegszeit. Die Familie meiner Mutter musste einen Schieber als Untermieter einquartieren, der ihr nachts auf dem Flur mit einer toten Ratte auflauerte. Sie sprach selten davon und wenn es geschah, klang es wie ein Stammeln, das darum bat, nicht darüber sprechen zu müssen. Aus Rücksichtnahme fragte ich nicht. Geredet wurde überhaupt nur bis zu einem gewissen Punkt. Dann hieß es:

»Wir wollen das jetzt nicht vertiefen.« Der Satz gehörte zu jenen laufend wiederholten Formeln, die das Gespräch ersetzen, wie: »Man ist nicht ungestraft verwandt«, »Mit Freunden und Verwandten soll man gut scherzen und lachen, aber keine Geschäfte machen« oder »Kaufmannsgut ist Ebb und Flut.« Diese Formeln des Lebens stammen zum Großteil aus der väterlichen Linie. In ihr hielt man auch Abstand, indem man ironisch oder exzentrisch wirkte oder sich wie eine Bombe benahm, die jederzeit in die Luft gehen konnte. Als ich mich in einer Lebenskrise einmal wieder zu harmlos fühlte, überlegte ich, mir Opa Hans zum Vorbild zu nehmen, da dieser eben auch gefährlich wirkte. Der konsequente Kettenraucher mit der Waffenkammer war zuerst der grüne Mann. Seine Hemden, der Dreiteiler, selbst die Socken, er trug nur Grün, außer wenn es bei Beerdigungen mal Schwarz sein musste. Die Farbe des Autos war keine Frage. Oma tat ihm aber nur an manchen Tagen den Gefallen, grüne Kleidung zu tragen. Um ihn glücklich zu machen, steckte sie die Lady Gun von Cartier in ihre Handtasche, damit sie im Grill des Vier Jahreszeiten auf alles vorbereitet wären. Die einschüssige Pistole passte perfekt zu den silbernen Schüsselchen, in denen man dort die Finger nach den Austern reinigt. Nicht alle Waffen der Großeltern waren leicht. Manchmal glaube ich, meine breiten Schultern rühren daher, dass ich schon als Fünfjähriger den Rückstoß schwerer Gewehre halten musste. Obwohl ich wenig tötete, bekam ich vom Opa viele grüne Geschenke: einen Trix-Metallbaukasten mit grünen Elementen und Dampfmaschine, eine grüne Axt und eine grüne Lokomotive für die Modelleisenbahn. Opa vermittelte mir, es ist wichtig, ganz genaue Vorstellungen vom Leben zu haben. Auf der Toilette gab es eine Stange, um die Hosen aufzuhängen, damit die Bügelfalten bei längeren Sitzungen nicht ihre Schärfe verloren. In anderen Momenten war es richtig, den Maßanzug bei der Jagd mit dem Blut der erlegten Tiere zu tränken. Opa wirkte nicht nur entschieden, sondern auch etwas geheimnisvoll. Auf seiner Beerdigung übernahm plötzlich eine größere Gruppe von dunklen Gestalten das Ritual. Dadurch erfuhr ich zum ersten Mal von der Loge. Den Männerbund mit dem Glauben an eine mathematische Weltordnung und mit der Vision einer Weltbruderkette hatten die Nazis sofort nach der Machtergreifung verboten. Die Gestapo verwüstete das Logenhaus samt dem Tempel. Einige der führenden Freimaurer »Zur Goldenen Kugel« wurden anschließend verfolgt. Mein Urgroßvater und der Opa gehörten aber nicht zu den Verfolgten. Sie arrangierten sich mit den Verhältnissen und konnten ihr Unternehmen weiterführen. Es seien »schwere Zeiten« gewesen, aber man sei zurechtgekommen, dafür ließen sie Dreie gerade sein.

Erst heute, wenige Tage vor meinem 57. Geburtstag, suche ich auf einem Stadtplan von Hamburg, der die Lager der 500.000 Männer und Frauen verzeichnet, die während des Krieges in Hamburg als Zwangsarbeiter arbeiteten, nach dem Namen meiner Familie. Der Eintrag lautet: »Kein Lager von Dany (Hermann), Tief-, Straßen- und Eisenbahnbau.« Doch dann folgt: »Der Betrieb hat nachweislich Zwangsarbeiter beschäftigt. Die genauen Lagerstandorte sind jedoch unbekannt.« Dass Zwangsarbeiter in der Firma beschäftigt wurden, wusste ich. Mein Vater hatte darüber gesprochen, aber jetzt wurde mir klar, ich war dem nie nachgegangen und hatte mich mit seiner Erzählung zufriedengegeben.

Der Urgroßvater wie mein Opa waren angeblich keine Anhänger der Nazis, wurden aber nicht zu Gegnern. Sie blieben ohne politische Passion, obwohl sie erlebt hatten, wie die Freimaurerloge zerschlagen wurde und sie als Bilderbuch-Kapitalisten auf der Straße der sozialistischen Faust des Nationalen ausgesetzt waren. Letztlich sahen die beiden Geschäftsmänner die Fülle der Aufträge beim Bau des Dritten Reiches. Ihre Firma, die Dany Tief-, Straßen- und Eisenbahnbau, tat, was sie immer getan hatte. Jetzt kam der Bau der Autobahn hinzu und mit dem Ausbruch des Krieges noch viel mehr. Auf Fotos sehe ich den Urgroßvater beim Bau eines Hochbunkers. Die Firma kooperierte später mit dem Reichsarbeitsdienst und etwas später wurde auch Zwangsarbeit in Anspruch genommen. Zu einem späten Erwachen soll es gekommen sein, als mein Großvater seinen jüdischen Hausarzt unter den Zwangsarbeitern erkannte. Verstört von der Begegnung weigerte er sich, den hochgeschätzten Mann auf der Baustelle arbeiten zu lassen. Ob seine Weigerung dem Arzt half, davon erwähnen die Erzählungen nichts, scheint jedoch unwahrscheinlich. Die Strafe für die Weigerung fiel mild aus. Mein Großvater musste die Firma verlassen, wurde aber nicht in eine der Einheiten der Wehrmacht gesteckt, die an der Front verheizt wurden, sondern er diente bis Kriegsende als Kradfahrer im Hinterland.

Angesichts einer gewissen Eitelkeit und des Dünkels in meiner Familie scheint mir die Geschichte vom Abstieg zum Chauffeur als Legende nicht ehrenhaft genug, um sie zu erfinden. Die Erzählung, die so in der Familie kursierte, kommt aber nur unscharf zur Deckung mit einer Festschrift zum 75-jährigen Jubiläum der Firma, auf die ich im Nachlass meines Vaters stieß. In dem schmalen Heft heißt es: »Die Bombenangriffe der Operation Gomorrha 1943 zerstörten das Bürohaus der Hermann Dany Tiefbau an der Hallerstraße völlig.« Anschließend sei die Geschäftsführung in das Privathaus des Großvaters übergesiedelt. Die Chronik fährt fort: »Der größte Teil der Geräte und des Maschinenparks ging während des Krieges verloren. Während dieser Zeit standen der Firma nur wenige der noch verbliebenen Mitarbeiter treu zur Seite.«

Acht Jahre nach der Kapitulation, als die Festschrift veröffentlicht wurde, kann das die Art des Schweigens der

Zeit gewesen sein, oder eine Schreibweise, mit der ein gedemütigter Unternehmer im Nachgang verpackte, dass man nicht mehr Herr im eigenen Haus war. Vielleicht machte man aber auch einfach gegen alle Widerstände weiter. Mein Urgroßvater, der laut der Festschrift bis Kriegsende auf die Baustellen ging, musste sich 1945 aus der Führung der Firma zurückziehen, obwohl er sich, wie die Chronik erwähnt, noch bei bester körperlicher und geistiger Gesundheit befand. Ich vermute, er galt als zu belastet. Zum Geschäftsführer wurde mein damals 34 Jahre alter Großvater ernannt.

Nach dem Krieg gab es für Bauunternehmer viel zu tun. Die Trümmer mussten weggeräumt werden. Die Stadt lag in Schutt und Asche. Bald baute die Firma wieder Straßen, Deiche und Eisenbahnlinien. Die Bagger der Hermann Dany Tiefbau gruben auch die Fundamente der Grindelhochhäuser, aus denen sich mein Bruder dreißig Jahre später in den Tod stürzen wollte. In diesem Moment fiel mir auf, wie ähnlich Jan unserem Großvater sah. Rührte daher seine Vorstellung, er habe das Anrecht auf das Leben eines wohlhabenden Privatiers? Die Arbeit hatten doch die Generationen vorher erledigt.

Herkunft ist ein komplexes Gebilde. Statt Klassenbewusstsein habe ich ein ziemliches Durcheinander. Kurz vor der ersten Verwerfung, dem Konkurs, schrieb die erwähnte Autorin des Flensburger Tageblatts in ihrem Artikel: »Christian lebt für gewöhnlich in einer Großstadt. Er ist der Sohn eines Vaters, der von sich selbst und wohl auch von Behörden und Geschäftsleuten zum Topmanagement des Straßenbaus gezählt wird. Als Christian von einem gleichaltrigen Jungen, einer Ferienbekanntschaft vom Strand, gefragt wurde, was sein Vater sei, erfährt dieser, ›Er arbeitet auf dem Bau‹. Darauf der neue Spielkamerad, ein ausgesprochen artiges, von seiner Mutter oft berufenes Kind,

›Dann hat er früher seine Schularbeiten nicht ordentlich gemacht‹. Christian überlegt kurz und meint dann, das könnte wohl sein.« War ich schon damals durcheinander? Aus Scham behauptete ich später gegenüber meinen Klassenkameraden, der Chauffeur sei mein Onkel, der mich zur Schule bringen würde, und spielte mit den anderen Kindern »Willy wählen!«. Die Tiefstapelei und der sozialdemokratische Opportunismus halfen wenig, ich stürzte trotzdem tief. Später dachte ich eine Zeitlang kommunistisch, alle sollten Chauffeure haben. Damit das möglich wurde, stellte ich mir vor, die Menschen wären am Montag Bauer, gingen am Dienstag in die Fabrik, studierten am Mittwoch, am Donnerstag wäre dann Chauffeur- oder Kellner-Tag und am Freitag würde ich malen. Die Versuche, diesen utopischen Marxismus Wirklichkeit werden zu lassen, gelangen aber nicht. Mittlerweile denke ich, mein etwas gestörtes Verhältnis zu der bürgerlichen Herkunft könnte daran liegen, dass es sich in väterlicher wie mütterlicher Linie um Aufstiegsgeschichten des späten 19. Jahrhunderts handelt und die erklommene Identität instabil blieb.

Da der Malermeister Friedrich Koch von einer Reise nach Rio de Janeiro in den 1880ern nicht zurückgekehrt war, wo er vierzig Jahre später im Vergnügungsviertel Lapa beerdigt wurde, musste seine Frau den kleinen Christian mit fünf anderen Geschwistern allein großziehen. Überfordert gab sie den Ältesten zu Verwandten aufs Land. Nach der Mittleren Reife begann Christian Koch, mein Urgroßvater in der mütterlichen Linie, als Tagschreiber beim Gerichtsvollzieheramt. Er protokollierte, wenn er gebraucht wurde, und war einfach arm. Als Teil des prekär beschäftigten Proletariats im öffentlichen Dienst bewarb er sich 1906, als er zum fünften Mal hintereinander über 1200 Mark Jahreseinkommen versteuert hatte und die Voraussetzung für den formellen Aufstieg erfüllte, um das Bürgerrecht. Nachdem er es erhalten hatte, erhob er umgehend mehrere Klagen gegen die nach Einkommen gestaffelte Verteilung von Sitzen in der Hamburger Bürgerschaft. Seine Prozesse gegen das Klassensystem waren erfolgreich, und der Aufsteiger wurde selbst Abgeordneter.

1920, in der revolutionären Nachkriegszeit, organisierte er einen Beamtenstreik gegen den Kapp-Putsch, mit dem Generäle der Reichswehr die entstehende Demokratie zu verhindern versuchten. Sein erfolgreicher Widerstand für die Republik sollte belohnt werden, er bekam anschließend die Möglichkeit, auf der Elbinsel Hahnöfersand das erwähnte Jugendgefängnis zu entwerfen, welches bald internationales Aufsehen erregte. Obwohl ihm alle formalen Voraussetzungen fehlten, machte er jetzt Karriere, wurde Direktor der Haftanstalt Fuhlsbüttel und stand jahrelang den Hamburger Gefängnissen vor.

1933 wurde er nach der Machtergreifung als Vertreter der »weichen Welle« sofort von den Nazis entlassen, da seine liberale Politik zur Zersetzung des deutschen »Volkskörpers« beigetragen habe. 1936 saß er mehrere Wochen in jenem Gefängnis, das er selbst geleitet hatte. Während der »Schutzhaft« drängte ihn die Gestapo, eine Versicherung für kleine Beamte, als deren Vorstand er noch tätig war, zu liquidieren. Nach der Haftentlassung blieb ihm bis zur Kapitulation des Dritten Reiches das Dasein als arbeitsloser Spaziergänger. Die britischen Besatzer setzten ihn nach dem Krieg zunächst als Senator ein. Bei den ersten freien Wahlen wurde er zum zweiten Bürgermeister gewählt. Da er zu weit links dachte und nicht der hanseatischen Vorstellung von Bürgerlichkeit entsprach, wurde er bald von der Partei, die er mitbegründet hatte, der FDP, ausgeschlossen und zog sich nach Ende der Amtszeit aus der Politik zurück.

Trotz seines aufrechten Ganges und der eindrucksvollen Karriere von ganz unten war mein Bild des Uropas, der bereits 1955 starb, als Kind zwiespältig. Sein Sohn, mein Großvater Christian Koch, wurde nicht müde, sich über die strenge Erziehung des Vaters zu beklagen. Eindringlich beschrieb er immer wieder die Kohlenkiste, in der er als Kind schlafen musste. Eine weitere Schlaufe seiner Erzählungen war das gespannte Verhältnis zu seinem älteren Bruder Paul. Seinen Kindern erzählte er, dieser habe ihn beim Erbe unfair behandelt. Über die Umstände der Verwerfung, die weiter zurückreichen, sprach er nicht. Der Großonkel Paul, ein Staatsanwalt, war im Unterschied zum älteren Bruder mit dem Vater politisch solidarisch geblieben, was dazu führte, dass er 1936 zeitgleich mit seinem Vater monatelang in Fuhlsbüttel in Schutzhaft einsaß. Nach der Entlassung erhielt Paul Berufsverbot und musste mit seiner Frau auf einem Dachboden wohnen. Meinem Großvater, der zu seinem Vater politisch auf Distanz ging und in die NSDAP eintrat – wie er behauptete, um den Vater zu schützen –, gelang es hingegen, seine Karriere durch das Dritte Reich zu manövrieren und sie anschließend in der Bundesrepublik fortzusetzen. Die kleine Rente, die mein Urgroßvater als NS-Verfolgter erhielt, konnte nach seinem Tod 1955 vererbt werden, aber nicht an meinen Großvater, der als ehemaliges Parteimitglied davon ausgeschlossen war.

Als Kind verstand ich all das noch nicht, soweit es mir überhaupt erzählt wurde. Ich wusste schon, die Vorfahren hatten nicht an der Rampe gestanden, aber vieles blieb im Nebel. Da ich mich grundsätzlich schuldig fühlte, wenn auch eher dafür, dass ich überhaupt in der Welt war, entschuldigte ich mich lieber zu viel als zu wenig.

Am Ende des letzten Jahrhunderts habe ich Jan *Faserland* geschenkt. Nach dem Auspacken unter dem Weihnachtsbaum las mein Bruder laut den Namen des Autors. Unser Vater wurde hellhörig. »Kracht«, wiederholte er, »den kenne ich.« Er kannte wirklich sehr viele Menschen, aber diesmal glaubte ich, es sei eine Verwechslung. Ich wusste noch nicht, dass es Christian Kracht Junior meines Jahrgangs und einen Senior im Alter meines Vaters gab. Mein Vater kannte den alten Kracht nicht persönlich, er gehörte aber zum Personal der gesellschaftlichen Seifenoper, an der er auf Empfängen und Theaterpremieren teilhatte.

Axel Springer hatte seinen engsten Berater 1970 gefeuert, um den missglückten Verkauf seines Verlages an die Bertelsmann Gruppe als Putsch seines Vertrauten zu verschleiern. Was sich im Rauswurf von Kracht, dem Aufsteiger, wiederholte, war ein in tausend Geschichten erzähltes Motiv der Hamburger Klassengesellschaft, zu deren ungeschriebenen Gesetzen gehört: Jeder Aufstieg endet in einem tiefen Fall. Wie ich geworden bin, lässt sich ohne das Lob des Erhalts der bestehenden Verhältnisse nicht denken. Fast alle Momente des Lebens in dieser Stadt wirken durchdrungen von dieser kühlen Angst vor Veränderung, die will, dass es bleibt, wie es war, um das Geld in den Händen der Familien zu halten, die es schon immer besaßen. Der Geist der Bewahrung baut neben den Anekdoten vom Fall der Aufsteiger auf eine Sprache, die, statt sich die Freiheit ihrer Möglichkeiten zu erlauben, die Verhältnisse in Verträgen festschreibt. Ihre Sprache dient im Tor zur Welt dem Gegenteil dessen, was der Schweizer Schriftsteller Lukas Bärfuss in seinem Buch *Vaters Kiste* beschreibt: »Sprache ist nicht Herkunft, sondern Gebrauch, und dieser Gebrauch erschafft die Welt, in der wir leben ... Jeder kann seine Geschichte erfinden. Man fürchtet sich vor dieser Einsicht, aber eigentlich ist es noch viel schlimmer.«

Im Frühling 2018, bei einem unserer letzten Treffen, bevor er ins Krankenhaus kam, flehte ich meinen Vater noch einmal an, seine Angelegenheiten zu ordnen. Ich ahnte, er würde ein großes Durcheinander hinterlassen. Er ließ meine Worte an sich abperlen. Die Situation eskalierte, bis ich aufgebracht das Restaurant verließ. Als ich danach die Rothenbaumchaussee runterlief, sah ich mir selbst wie im Moment eines Unfalls zu, wie der Körper das Geschehen nicht mehr aufhalten kann.

Nach seinem Tod blieb kaum Zeit zum Trauern. Ständig fuhr ich durch die Gegend und setzte mich auf wechselnde Möbel. Zuerst saß ich am Bett des Toten, dann auf dem Stuhl des Bestattungsinstituts, anschließend am Tisch beim Leichenschmaus. Das war das Übliche, doch bald verwandelte sich die Bürokratie des Todes in eine Wundertüte. Mein Vater hatte sich, stur wie er war, bis zum Schluss geweigert aufzuräumen. Es hätte sowieso keinen Zweck gehabt, es zu versuchen. In den fünfzehn Jahren seit seinem Schlaganfall hatte sich bei dem Erblasser einiges aufgehäuft. Da die Alleinerbin, meine Mutter, das Erbe nicht ablehnte, sich um die Probleme aber nicht kümmern wollte, schaltete ich in den Modus, den ich von Kindheit an gelernt hatte, und wurde zum Kümmerer. Dann ging alles ganz schnell. In der vertrauten Rolle verkündete ich den Betriebsangehörigen, es müsse sich niemand um seinen Arbeitsplatz sorgen. *Wir* würden die Firma nicht verkaufen. Ganz ohne Drogen redete ich wie auf Koks. Dass wir gar nicht verkaufen konnten, da nicht genug Geld da war, um die gegen die Firma bestehenden Forderungen zu tilgen, verschwieg ich. So genau wollte es auch niemand wissen. Das verstand ich schnell, in der Welt der Arbeit wollten die meisten einfach nur, dass alles weitergeht.

Den Lieferanten erklärte ich: Sie brauchen sich um ihre Rechnungen keine Sorgen zu machen. Dass mir geglaubt wurde, fand ich erstaunlich. Ich hatte doch gar keine Ahnung, schon gar nicht, wie ich all meine Versprechen einlösen sollte. Im Rausch der Loyalität fühlte ich mich etwas einsam, aber das ist bei Drogen ja ähnlich. Meine Mutter setzte sich in den sechs Jahren, die seit dem Tod meines

Vaters vergangen sind, nicht ein einziges Mal in dieser Firma neben mich an den Schreibtisch. Sie begleitete mich auch nicht zu den Steuerberatern oder der Bank, um sich das Ausmaß des Abgrunds anzusehen. Sie hatte ja ihren Sohn, der das tat, während das Geld immer pünktlich kam, und ich therapierte meine Höhenangst. Mein Leben war von nun an ein Schnellkurs. Damit es weiterging, lernte ich, wie weit man Konten überziehen kann. 400.000 Minus, kein Problem. Ich hatte keine Ahnung, aber die Herren in der Bank erklärten mir: Ein Chef muss keine Ahnung haben, dafür gibt es Angestellte. Chefs trinken Käffchen. Kaffee trinken konnte ich und professionalisierte das jetzt, da die Zahlungsunfähigkeit schon an die Tür klopfte. Im Koffeinrausch entwickelte ich einen Geschäftsplan, mit dem sich der Zusammenbruch, den meine Mutter nicht wollte, aufschieben ließ. Um erstmal bei meinen Leisten zu bleiben, rechnete ich aus, wie viele Seiten ich schreiben musste, um die Schulden zu tilgen. Thomas Bernhard hatte immer auf Pump ein neues Haus gekauft, um aus der Schuld einen Antrieb für sein nächstes Buch zu entwickeln. Jetzt entwarf ich eine Übernahme dieser Methode und rechnete durch, was es bedeuten könnte, Vielschreiber zu werden. Bis dahin hatte ich langsam geschrieben, alle zwei, drei Jahre ein schmales Buch. Im Schatten des drohenden Bankrotts würden die Sätze bald aus mir herausfließen. Meine Kalkulation ergab, ich müsste im Monat 400.000 Buchstaben für das Tilgen der Schulden und weitere 40.000 für meinen Lebensunterhalt liefern. Es wären bei den Formaten, die ich bisher bediente, rund vierundzwanzig Bücher im Jahr und das lebenslang. Wie am Fließband würden die Manuskriptseiten von meinem Schreibtisch fallen. Das Bild hatte aber einen Riss. Ich schrieb gegen den Druck der Schulden der Familie, die weiterhin das gute Leben wollte, existierte in ihren Augen aber gar nicht als Autor. Mein Bruder, der nur noch wenig schrieb und durch blasierte Leserbriefe an die F.A.Z auffiel, sah mich als »arbeitslosen Künstler«, nicht als Autor. Meine Mutter wiederum reagierte gar nicht, als ich auf die tägliche Frage, was ich heute gemacht habe, wie ein Automat antwortete: Am Morgen habe ich geschrieben. Erst nach Monaten der Wiederholung erwiderte sie kopfschüttelnd: »Wofür du alles Zeit findest.« Und nach 600 Tagen fragte sie: »Was schreibst du eigentlich?« Verblüfft setzte ich zur Antwort an. Was ich sagte, klang aber wohl zu öd, jedenfalls fiel sie mir nach der Hälfte des Satzes ins Wort.

Als mein Vater noch lebte, fragte er schon, doch nicht danach, was ich schrieb, sondern allein, wie viel es mir eingebracht habe. Welche Währung er meinte, war klar. Im Umsatz lag der erste Schritt zur Kreditlinie, und er wusste, ich war nicht kreditwürdig. Jahrzehntelang hielt ich mich gerade mal über Wasser und hatte keine Schulden, da mir niemand Geld geliehen hätte. Ich überzog nicht mal mein Konto, da ich mich im Plus schon schuldig genug fühlte.

Mit Schulden verband ich die Kindheitserinnerungen an die freitäglichen Fahrten im VW-Käfer zur Bank, um nach dem Konkurs die wöchentliche Rate zu tilgen. Als wir einmal zu spät kamen, stand meine Mutter weinend vor der verschlossenen Tür der Filiale. Danach fürchtete ich das ganze Wochenende: Montag würde der Gerichtsvollzieher mit einem Kuckuck die Schiebetür des Fernsehers verkleben.

Als Kind sah ich ständig fern, sogar die langen Jesus-Filme zu Ostern. Fernsehen war mein Schlüssel zur Welt. Was ich sah, ging durch mich hindurch, doch manches blieb hängen, wie jene Sätze, die mir die Angst vor den Schulden nehmen konnten. Jetzt fiel mir wieder ein, wie die Frau im Kleinen Fernsehspiel vor über vierzig Jahren gesagt hatte: Wenn du 5000 Mark Schulden hast, hast du ein Problem. Aber wenn du 500.000 Mark Schulden hast, hat die Bank ein Problem.

Durch den Kurzschluss in der Erinnerung verstand ich, warum die Bank, die mich bisher behandelt hatte, als sei ich Luft, seit einiger Zeit so nett zu mir war. Ich hatte eine Welt betreten, in der Schulden Beziehungen erzeugen. Unbekannte Männer riefen mich plötzlich an, wollten wissen, wie es mir ginge, und schlugen vor, wir könnten doch mal ins Restaurant gehen. Dank der Schulden hatte ich jetzt neue Freunde und begriff die Anziehungskraft von Minusgeld.

In der Welt, in der Schulden normal sind, spiele ich die Rolle des Unternehmers schon seit Jahren und stelle das ursprüngliche Drehbuch meines Lebens dar, den Sohn, der in die Fußstapfen seines Vaters tritt. Ja, ich bin jener geworden, der ich nie sein wollte. Aber mein Körper wäre wahrscheinlich gar nicht auf der Welt, ohne die Vision meines Vaters, ich könnte sein Leben verlängern. Die soghafte Situation, die er hinterließ, schien meine jahrzehntelange Flucht in Stunden ausradiert zu haben.

Zuerst dachte ich, es könnte nicht gutgehen, den Nachfolger meines Vaters zu spielen, und stellte mir vor, bald wegen Konkursverschleppung ins Gefängnis zu kommen. Bisher kam es aber nicht dazu. Ich schlafe nur schlecht. Wenn ich zu erklären versuche, was ich tue, zeichne ich das Bild eines Seiltänzers. Nun kann ich aufgrund meiner wackeligen Knie nicht mal gut auf einem Bein stehen und bekomme ab einem Meter Höhenangst. Über die Jahre habe ich mich aber an die Wackelpartie gewöhnt, genauso wie an die Briefe, die mir in der luftigen Höhe meiner Schulden weitere Kredite anbieten. Den Beruf Kreditmakler hatte ich bis dahin gar nicht gekannt. Leute, die sich so nannten, luden mich jetzt zu Austern vor Entrecôte ein und wollten mir noch mehr Geld leihen. Die Auftritte wirkten etwas seltsam, aber für eine Handvoll Unterwasserwesen bin ich leicht zu haben und den Rest spülte ich mit St. Joseph runter.

Ich bewegte mich jetzt ständig unter Menschen. Das Schreiben und Aufziehen eines Kindes, was mich die Jahre zuvor beschäftigt hatte, schien im Vergleich dazu eine private Angelegenheit. Bis zum Hals in Verbindlichkeiten wurde ich Teil des öffentlichen Lebens. Dort lernte ich: Wenn ich erlesene Weine bestellte oder Gillardeau statt Fine de Claire orderte, führte das bei den Bankern auf der anderen Seite des Tisches dazu, die Kreditlinie zu verlängern. Meine Aufgabe bestand darin, mich wie ein Reicher zu benehmen, um Forderungen zwischen Banken hin- und herzuschieben. Ich erklärte mir, das Balancieren von Schulden funktionierte so wie die Modelleisenbahn, die mir Opa damals geschenkt hatte: Man drehte einen Knopf, durfte aber nicht zu schnell fahren, musste die Weichen im richtigen Moment schalten und sollte nie aus der Spur fallen. Auch in der auf Schulden gebauten Arbeitswelt geht es einfach darum, dass alles immer weitergeht. Es ging auch immer weiter, aber ich kam mir dabei vor, als ob ich mit verbundenen Augen Auto fuhr. Zu meiner Überraschung knallte ich aber gegen keinen Baum. Hatte ich das Blindfahren gelernt, als ich Kunst studierte?

Mir war lange Zeit nicht klar gewesen, was ich im Studium gelernt hatte. Dessen genauer Inhalt war etwas schwer zu beschreiben. Hinzu kam meine eigene Ausgangslage. Da ich einige Jahre jünger als die anderen und ziemlich schüchtern war, blieb ich an der Hochschule ein Außenseiter, der sich vieles selbst erklären musste. Das führte zu einigen Missverständnissen. Während in meinem Kopf manches durcheinanderging, verstand ich nicht, weshalb die anderen immer schon wussten, wie der Hase läuft. Um meine Ahnungslosigkeit zu verbergen, hielt ich mich lieber am Rand. Darum verpasste ich wiederholt Gelegenheiten. Hinzu kam eine Durchsetzungsfähigkeit, der ich kaum etwas zutraute. Es hätte einige Trends gegeben, auf die ich aufsetzen konnte, doch ich ließ diese Möglichkeiten an mir vorüberziehen.

Am Ende der Achtzigerjahre verpasste ich eine echte Chance. An die Hochschule kam eine Reihe US-amerikanischer Konzeptkünstler als Gäste: Dan Graham, Joseph Kosuth und, für mich am prägendsten, Lawrence Weiner. Der ansprechende Hippie mit Bart, der die Regeln der Concept Art formuliert und einen Porno gedreht hatte, schlug einen möglichen Rahmen vor, um meine negative Gestimmtheit in eine Form von Konzept-Punk zu übersetzen. Aber ich war nicht reif dafür, weder konnte ich mich sehen, noch verstand ich, wie ich gesehen wurde. Rückblickend scheint mir die verpasste Karriere das Beste, was mir passieren konnte. Ich bin noch da und erhalte mir die Vorstellung, irgendwo hinzukommen.

Die Erklärung, die ich mir damals zurechtgelegt hatte, lautete noch anders: Ohne Erwartungen würde die Enttäuschung klein bleiben. Um nicht zu scheitern, nahm ich mir jahrelang nichts vor.

Da ich mich unter dem Radar bewegte, gab es weder Anlässe, für die ich Kredite aufnehmen musste, noch einen Grund, juristischen Beistand einzuholen, um meine Interessen zu verteidigen. Doch all das zeigte sich jetzt als das beste Training. Nach dem Tod meines Vaters saß ich nun aber plötzlich jede Woche beim Anwalt. Nicht ich saß dort, sondern jener, in den ich mich verwandelt hatte. Es dauerte gerade mal drei Monate, bis mein neues Ich als juristische Person vor Gericht landete. Der Prozess fand in einer umgebauten Kaserne in Lüneburg statt. Gegen meinen Doppelgänger klagte ein Niederlassungsleiter, der auf eigene Faust eine fingernagelgroße Videokamera gekauft hatte, um heimlich die ihm Untergebenen zu überwachen. Ich kündigte ihm auf der Stelle, als ich die Kamera fand, da ich genauso wie mein Doppelgänger eine derartige Überwachung ablehnte und dachte, der Chef, der ich jetzt war, darf das. Er klagte dagegen. Durch Zufall war der Saal an dem Tag rappelvoll und die Richterin wollte ihrem Publikum, männlichen Betriebsräten in der Ausbildung, gefallen. Sie kam gut an, als sie zuerst schnippisch mit meinem Double, dem fiesen Arbeitgeber, umging, und bald dem Kläger recht gab, da ich gekündigt hatte, bevor es zur Tat gekommen war. Die Kamera wäre gar nicht eingesetzt worden, der Gekündigte habe doch nur die Absicht gehegt. Der Chor der werdenden Betriebsräte brummte begeistert, als der Mann mit der Überwachungsfantasie eine großzügige Abfindung erhielt. Ich verlor, da ich keine Chance hatte, und fand es gar nicht schlimm.

Kurz nach dem Gerichtsverfahren lernte ich weitere Spiele kennen, von denen ich nicht gewusst hatte, dass es sie gab. Besonders beeindruckte mich die »Bazarphase« mit zwei Steuerprüfern, bei der eine nicht mehr genau zu bestimmende Steuerschuld ausgehandelt werden sollte. Die beiden jungen Männer kamen mit kleinen Rucksäcken, um sechzig verschwundene Rechnungsnummern zu bewerten. Was folgte, wirkte wie Poker ohne Karten. Die Buben schlugen eine Summe vor und sagten, ich sollte darüber nachdenken, während sie auf dem Hof eine Runde drehen würden. Als sie wiederkamen, hielt ich eine niedrigere Summe dagegen. Minutenlang sahen wir uns mit unbewegten Mienen an, dann trafen wir uns in der Mitte. Die 60.000 Euro wirkten wie Kleingeld im Vergleich zu dem, was mir sonst inzwischen um die Ohren flog.

So verging die Zeit wie im Flug, während ich mir entlang einer langen Liste die Projekte meines Vaters vornahm. Als nächstes war eine nach der Wende geplante Filiale in Ostdeutschland dran, an der er irgendwann das Interesse verloren hatte. Seit Jahren rostete dort ein Bürocontainer ungenutzt vor sich hin, bis er schließlich in sich zusammenbrach. Das Telefon war nie abgeschaltet worden und gelegentlich läutete es noch in der eisernen Ruine. Mein Vater mochte klingelnde Telefone, aber keine Probleme. Traten sie auf, ließ er sie liegen. Da mir seine lässige Art abging, trug ich bald einen ganzen Sack voll Schwierigkeiten.

Um mir das Aufräumen des vergangenen Lebens meines Vaters leisten zu können, arbeitete ich nebenher als Berater an einer Kunsthochschule. Auch half es, dass mein Lebensstil bescheiden blieb.

Die neue Umgebung tat mir gut, sie verwandelte mein bis dahin etwas entrücktes Spiel mit den Buchstaben in eine allgemeinere Realität. Ich dachte, jetzt bin ich in der Wirklichkeit angekommen. Statt mich in der Vorstellung gegenüber schwer fassbaren Geistern im Text schuldig zu fühlen, verwaltete ich jetzt in Zahlen vermessene Schulden. Meine Gefühle von Schuld transformierten sich durch die schnöde Silbe *en* in ein Geschäftsmodell. Obwohl meine Schulden jetzt professionell waren, hatte ich zuerst keine Ahnung, um wie viel es sich handelte. Zwar wurden mir ständig Zahlen vorgelegt, doch handelte es sich um Ausschnitte in einer raffinierten Architektur. Während das geschickte Spiel meines Vaters mit Salden und Summen als Ganzes für mich undurchsichtig blieb, zeigte sich die ablaufende Liquidität bald überdeutlich. Die Zahlungsunfähigkeit war zum Greifen nah. Mit der Insolvenz verband sich eine Lustangst. Ich masturbierte die ganze Zeit, um die Spannung zu entladen, und erwartete, gleich würde mir der ganze Laden um die Ohren fliegen.

Als ob es noch Rettung gäbe, zeichnete ich Diagramme und summierte Zahlen, um einen Ausweg zu finden. Doch immer wieder öffneten sich Schubladen wie Schachtelteufel, die meine Vorstellung einer Übersicht über den Haufen warfen.

Während ich aus dem Staunen nicht herauskam, benahmen sich alle freundlich. Ich stellte ja jetzt den Chef dar, dem niemand sein wahres Gesicht zeigte.

Jan blieb während dieser ganzen Zeit abwesend. Er hatte schon nicht mit uns neben dem toten Vater gesessen, sondern ging später allein ins Kühlhaus. Er beteiligte sich auch nicht an den Vorbereitungen der Beerdigung. Selbstredend kam er nicht zum Aufräumen der geschäftlichen Angelegenheiten und beklagte sich, dass ich es tat. Um seine aktuellen Kosten zu decken, überwies ich ihm gleich 10.000 Euro. Mein Vater hatte mir noch auf den Weg gegeben, »man«, womit er wohl mich meinte, müsse Jan lebenslang versorgen, wobei mir jetzt unklar war, wie das gehen sollte, mit all den überzogenen Konten. Es dauerte keine drei Wochen, bis Jan das, was er für die erste Zahlung von vielen hielt, durchgebracht hatte und mir mitteilte, er brauche dringend mehr. Als ich ihm antworten musste, alle Konten hingen im Minus, glaubte er mir nicht. Vati hatte doch gesagt, da seien Millionen. Wie konnte es sein, dass sein elender Bruder ihm jetzt nur leergeräumte Konten vorlegte. Seine Annahme war, ich räumte auf, um ihn abzuziehen, und schaffte gerade die Millionen zur Seite. Er ging zu einem Anwalt. Als sein erster Brief kam und Geld einforderte, entschied sich meine Mutter für eine etwas verwirrende Doppelstrategie. Sie bat mich, einen Anwalt für sie einzuschalten, der die Forderungen zurückwies. Zeitgleich versprach sie, ohne mich zu informieren, Jan in Briefen das Blaue vom Himmel, egal, ob es das nun gab oder nicht. Es war alles nicht böse gemeint, sondern der Verwirrung und dem Leben in Vorstellungen geschuldet. Da sie die Gartenarbeit anderen überlässt, durfte ich, der gute Kontakte zur niederen Menschheit pflegte, den Vorgang anschließend wieder aufräumen und bekam dabei gleich noch den schwarzen Peter zugespielt. Mein Bruder hatte schon die Suite des Vier Jahreszeiten gebucht, und ich war jetzt der fiese Mörder seiner Fantasie. Es wäre schlauer gewesen, ich hätte mich vom Acker gemacht, statt den Prellbock zu geben, und das in einer Angelegenheit, mit der ich nur bedingt zu tun hatte. Weder war ich als Erbe vorgesehen, noch wollte ich, wie Jan, meinen Pflichtteil am Erbe des Vaters von der Mutter einfordern. Aber wie sollte ich meine Mutter allein lassen? So kam es, dass ich, während alles im Vakuum des Todes durcheinanderflog, den loyalen Sohn gab, der zu erklären versuchte, wir müssten zurück in die Wirklichkeit. In dem Phantasma der Familie müssen alle vor ihren Bildern im Kopf geschützt werden. Da bin ich keine Ausnahme. Aber mich konnte in diesem Moment niemand schützen.

Als Jan, dessen Anwalt einige Finten in Anschlag gebracht hatte, unsere Mutter vor Gericht laden ließ, sagte sie im letzten Moment ab. Statt sich dem Realen zu stellen, gab sie lieber widerstandslos seinen Forderungen nach. Damit sie bezahlen konnte, was Jan bekommen sollte, musste ich ihr einen weiteren Kredit besorgen. Ich musste nicht, ich glaubte nur, ich müsste, und ritt mich immer tiefer in die Sache rein. Die Leute von der Bank waren wieder sehr freundlich, aber wenn ich etwas tue, was ich nicht tun möchte, also mein Wollen verleugne, werde ich unsichtbar. Mein Gesicht verschwindet samt der dahinter wirkenden Wünsche.

Nachdem der Bruder auf Pump ausgezahlt worden war, sollte auch meiner Situation eine Form gegeben werden. Also ließ ich mir von meiner Mutter das verschuldete Betriebsvermögen schenken, um sie von dem zu entlasten, was eine Achtzigjährige in meinen Augen überforderte, und verwandelte mich über Nacht in einen Minusmillionär. Der Steuerberater merkte an, während wir in seinem Kontor saßen, bevorteilen würde mich das Geschenk nicht gerade. Ich erwiderte, es seien doch nur GmbH-Schulden, die ich bei Gelegenheit in den Konkurs fahren konnte. Für mich als Künstler sei ein Bankrott kein Problem, sondern ein Zustand unter anderen. Die Überschreibung war kein Geschenk mit schlechten Absichten. Die schenkende Erbin hatte sich alles gar nie so genau angesehen und es mir, ohne zu wissen, worum es sich handelte, in die Hand gedrückt. Ihr »Ritter«, wie sie mich nennt, würde sich schon um alles kümmern. Als ich später einmal in einem Moment der Erschöpfung über das Geschenk nörgelte, erwiderte sie, ich solle doch nicht so über meinen Vater sprechen, er sei krank gewesen und da sei ihm manches entglitten. Wurde ich hartnäckiger, schrie sie mich in Grund und Boden. Das war gar nicht so gemeint, sondern einfach nur meiner Überschreitung der Regeln unseres Gesprächs geschuldet. Es war doch gesagt worden, wir wollten das nicht vertiefen.

Das Gebilde aus Kommanditistin und Komplementär sowie einer ausgelagerten GmbH, das ich mir schenken ließ, war in Verträgen fixiert. Dass ich diese Schenkung initiierte, war etwas frech von mir, da ich gar keine Ahnung hatte, wie das Gebilde funktionierte und ob ich die Freuden der Pflicht, meiner Mutter bis zum Lebensende mehrere Renten zu zahlen, erfüllen könnte. Im Detail malte ich mir aus, mit dem maroden Kahn auf Grund zu gehen und das Trauma der Kindheit nochmals zu erleben. Es wäre ein zweites Durchschreiten des Todes des Vaters. Aber ich habe die Pleite umschifft und das mittlerweile seit fünf Jahren, also nicht ich, sondern wir, wie sie in Unternehmen sagen. Obwohl ich zahllose Verträge mit mir selbst abschloss, bilde ich mir wenig auf diese Leistung ein. Wahrscheinlich bewahrheitete sich einfach, was die Herren von der Bank behauptet hatten: Es braucht wenig, um Chef zu sein, Käffchen zu trinken tut schon viel. Und nach ein paar Tässchen flüsterten mir die Herren von der Bank zu: Ihnen kann doch gar nichts passieren, Herr Dany.

Ich trinke die erste Tasse um fünf im Bett und die zweite um acht am Küchentisch. Wenn ich mal am Mittag ins Büro gehe, trinke ich dort die dritte. Mein Mund trinkt Kaffee, während mein Körper in dem eines Frühstücksdirektors wohnt. Dieser andere war also geworden, was ich nie sein wollte: Arbeitgeber, Unternehmer und Kapitalist. Eine Weile versuchte ich, diese angenommene Identität wie ein Spiel zu betrachten. Aber irgendwann hatte es sich ausgespielt, da der Kapitalismus real ist und ihm im deutschen Mittelstand nicht gerade das Spielerische anhaftet. Anschließend versuchte ich, mich sozial zu benehmen. Das brachte die Widersprüche aber kaum aus der Welt. Um mein falsches Dasein abzufedern, sagte ich mir als nächstes, du bist doch nur ein kleiner Kapitalist und lebst ganz bescheiden. Aber auch wenn sich nach fünf Jahren an meinem Lebenswandel wenig geändert hat, komme ich mir vor wie ein Verräter meiner Werte und einer, der zusieht, wie ein Schatten seiner selbst im falschen Leben auf und ab geht. Noch tausche ich vor allem alte ungedeckte Schulden gegen neue Finanzierungen, die durch Werte gedeckt sind. Die Werte, jenes Betriebsvermögen, das ich in den Augen der von mir ausgebeuteten Betriebsangehörigen anhäufe, erscheint mir abstrakt. Aber sogar als mich selbst mehr als schnöde behandelnder Unternehmer geht es mir finanziell noch besser denn als schreibender Künstler, und ich bin froh, nicht mehr so knausrig durchs Leben zu gehen. Da ich mein Erbe den Eltern durch das Tilgen der gegen sie bestehenden Forderungen abkaufe, könnte ich das Einkommen als selbst verdient betrachten. Das Geld bleibt in meinen Händen aber schambehaftet. Um aus der Sackgasse herauszukommen, versuchte ich eines Tages, mit den Scheinen um mich zu werfen. Der Exzess wäre ein Neuanfang, dachte ich, nachdem das Geld und ich so lange eine kaputte Beziehung geführt hatten. Nun ist es leicht, 10.000 Euro zu verjubeln, wenn man mit einer Million in der Kreide steht. Siebenstellige Forderungen klingen wie eine Lappalie, wenn man das Radio andreht, erzeugen aber ihre eigene Wirklichkeit. Um ehrlich zu sein, mag ich darum das Wort Schulden lieber als Forderungen. Es klingt handfester. Ihre Last bildet Abdrücke. Schulden sind oft die Konsequenz aus Armut, Pech oder der Unfähigkeit, an der Gesellschaft teilzuhaben. Mein Vater verschuldete sich, da er schon lange krank war und die Wirklichkeit als schlechte Medizin betrachtete. Der Schlaganfall hatte Spuren hinterlassen und später kam der Krebs dazu. Er wollte schon vorher nicht unbedingt wissen, wie die Welt tatsächlich aussah, und jetzt wollte er es noch weniger. Zu seiner Verteidigung möchte ich sagen, er hatte zwar reichlich offene Posten, doch handelte es sich bei keinem um Forderungen, für die jemand gearbeitet hatte und leer ausgegangen war. Weder gab es unbezahlte Löhne noch Rechnungen von Handwerkern, Restaurants oder für andere Dienstleistungen. Es waren ausschließlich Forderungen von Banken, Steuern und Entnahmen aus den Firmen. Für Banken bedeutet die verzögerte Rückzahlung von Verbindlichkeiten ein Geschäft, und der Staat zieht auf säumige Steuern Zinsen ein. Die Arbeit von anderen in Anspruch zu nehmen, sie aber unbezahlt zu lassen, geht hingegen auf die Grundlage des Kapitalismus zurück, jene, die nichts haben außer ihre Arbeitskraft, am ausgestreckten Arm verhungern zu lassen.

Nach dem etwas pathetischen Satz wurde ich müde, hob die Finger von der Tastatur und verließ die Wohnung, um mich mit den täglichen Erledigungen abzulenken. Als ich in die Große Bergstraße abbog, spürte ich: etwas war passiert. Dann sah ich Polizisten die Gehwegfläche vor dem Fitnesscenter absperren. Passanten hielten die Hände vor den Mund. Auf der anderen Seite der Fußgängerzone lag jemand auf dem Bauch. Ein Polizist lüftete kurz die grüne Decke, die über dem Kopf des Mannes lag, so als wollte er nochmal prüfen, ob er wirklich tot war. Der Leichnam sah arm und alt aus. Dass er nicht einfach nach einem Herzinfarkt umgefallen war, sondern sich aus dem Hochhaus über dem Fitnesscenter in die Fußgängerzone gestürzt hatte, wurde mir klar, als ich jetzt einen Feuerwehrmann beim

Zusammenfegen einer rötlichen Mischung aus Straßenstaub, Blut und Reinigungsmittel sah. Am nächsten Tag blickte mich der Tote mit aufgerissenen Augen von der ersten Seite der Morgenpost an. Als er noch lebte, trug er einen kleinen Hut zu einer gestreiften Jacke. Die Schlagzeile lautete: »Der hässliche Tod des schönen Klaus«. Den schönen Klaus kennen in Hamburg alle, auch wenn es schon lange her ist, dass er den modernen Zuhälter verkörpert hatte, der mehr Frauen für sich arbeiten ließ, als man das in der Branche bis dahin getan hatte. Der Modernisierer »Lamborghini-Klaus« liebte den großen Auftritt. Das schnelle Auto hatte er sich gekauft, da er im Leben nie wieder überholt werden wollte. Noch mehr wollte er aber gesehen werden, dafür nahm er auf niemanden Rücksicht. Auch nicht auf die Bettlerin, die seit langem jeden Tag an der Stelle vor dem Bioladen steht, wo der Körper des schönen Klaus aufschlug. »Den Ton des Todes werde ich nie vergessen.« Als sie das sagte, wurde mir klar, wie aggressiv ein Suizid sein kann. Hatte ich mir diesen Gedanken bisher verboten? Jan tötete sich nicht laut. Vielleicht tötete er sich, um zu bestrafen. Erlaubt der Tod überhaupt eine Deutung? In diesem Moment dachte ich an die angedeutete Selbsttötung am Ende von *Faserland.* 1995, als das Buch erschien, las es sich wie ein Zitat. Die Anspielung auf Thomas Mann, wie das ganze Buch, verstand sich aber auch als Versuch über einen Menschen, der nicht wusste, wie er wütend sein sollte. Jan muss sehr wütend gewesen sein. Seine Wut ist Teil meines Lebens geworden. Ich frage mich, warum seine Wut keinen anderen Weg fand, sich aus der Familie zu befreien, als durch den Tod? In anderen Momenten frage ich mich, muss ich das alles persönlich nehmen? Ist das überhaupt meine Familiengeschichte oder der gewöhnliche Niedergang einer selbstgefälligen Gesellschaft, die, nachdem sie jahrzehntelang über ihre Verhältnisse lebte, ins Schleudern kommt? Mein Vater bekam durch seinen

Tod nicht mehr mit, wie das auf Sand gebaute Deutschland die Haltung verlor. Ich hätte gerne noch mit ihm darüber gesprochen, wie das satte Land zu fallen begann. Wie weit es fällt, ist bisher nicht ausgemacht. Die Selbstheilungskräfte des Kapitalismus sind kaum zu unterschätzen. Als die Inflation kam, wurden Schulden wieder cool, für manche zumindest. Als Schuldner konnte ich mich jetzt auf der Überholspur sehen. Eine Million Euro Schulden zu haben bedeutet, wenn sie nicht bezahlt werden, bei einer Geldentwertung von 10% einen theoretischen Gewinn von 100.000 Euro im Jahr. Würde ich noch dreißig Jahre leben, was für einen Raucher meines Alters sportlich wäre, könnte ich bei diesem Geschäftsmodell kalkulatorisch jeden Tag drei Austern essen. Schulden sind der Eingang zu Möglichkeiten, aber auch der Schlüssel zu schlaflosen Nächten.

Vor zwei Jahren, kurz nach dem Tod meines Bruders, schenkte ich meinem Sohn *Faserland.* Ich hatte gehofft, die Erzählung würde Maku gefallen, aber nicht erwartet, wie sehr sie ihn abholen sollte. Er las gleich das nächste Buch von Kracht und baute von dort eine Brücke in sein Leben, indem er begann, die Reisebeschreibungen aus *Der gelbe Bleistift* nachzufahren.

Heute Nacht erreichte mich eine Sprachnachricht aus einem Zug in Sri Lanka: »Papi, es tut mir sehr leid, dass ich so lange nicht erreichbar war, aber wir waren auf einer Reise durch das halbe Land und dann hatten wir einen Polizeiaufenthalt und dann wurden wir fast umgebracht, aber ich hoffe, du hattest einen schönen Vatertag.«

Nachdem Maku mich an den Ehrentag der Väter erinnert hatte, dachte ich, mein Vater kommt in dem, was ich schreibe, zu schlecht weg. Sollte ich ihn nicht noch in ein besseres Licht rücken? Mir fiel ein, wie witzig und großzügig er sein konnte. Es war für ihn selbstverständlich, vielen in seinem Umfeld zu helfen. Manchmal tat er es vielleicht, weil er ein schlechtes Gewissen wegen seines Brüllens hatte, meist aber einfach so. Die Anfälle passierten ihm, er war nun mal Choleriker. Nach außen wirkte er oft so, als ob es ihm egal war, wie sein Verhalten empfunden wurde, und er dachte auch, lass die Leute doch reden. Selbst zu entscheiden, wie man lebte oder die Welt sah, war, obwohl er so mit dem Blick der anderen beschäftigt war, einer der Werte, die er mir vermittelte. Für den Filou fehlte mir die Leichtigkeit. Eine andere Tugend hieß Eleganz, da versagte ich. Etwas besser funktionierte ich, was die Treue betraf. Treu war man gegenüber Lieferanten, aber treu sollte ich auch gegenüber Haltungen sein und zu den Menschen, die ich liebe.

Aus meiner Kindheit erinnere ich auch eine gewisse Furcht vor dem familiären Lob der Treue, mit der sich meine Eltern von der immer wieder geschilderten Untreue ihrer beiden Väter abgrenzen wollten. Ich hatte Angst, eines Tages würde etwas ans Licht kommen und die Wahrheit der Welt, die mir vorgelebt wurde, zusammenbrechen und ich würde die gleichen Momente erleben, die mir meine Eltern geschildert hatten, als sie ihre Väter mit anderen Frauen im Park trafen.

Meine Eltern hatten sich als Teenager auf der Eisbahn im Park Planten un Blomen kennengelernt, verloren sich nach einigen Wochen aber wieder aus den Augen. Ihre zweite Begegnung in einem Strandbad wurde von meiner Mutter an Feiertagen immer wieder in ähnlichem Wortlaut geschildert. Die Cousine hatte ihr erklärt, es wäre von Vorteil, wenn sie auf der Promenade in Glücksburg Englisch sprechen, da Männer das anziehend finden. Etwas später kam mein Vater, der dort gerade die Segelschule besuchte, ins Spiel. Danach ging alles seinen Weg, obwohl die Familien meiner Mutter und meines Vaters sich in ihrem gegenläufigen Dünkel miteinander schwertaten und einiges in Gang brachten, um die Paarung der Kinder zu verhindern.

Bevor die beiden mit Mitte zwanzig heirateten, schloss

mein Vater zuerst seine Ausbildung ab und trat in das Familienunternehmen ein. Meine Mutter arbeitete während der Zeit als Krankengymnastin. Ein Jahr nach der Hochzeit kam ich auf die Welt. 1968, als mein Bruder geboren wurde, kauften sie ein Haus am Rande von Hamburg, in dem meine Mutter bis heute lebt.

Vater betonte oft, in all den Jahren ihrer Ehe, es sollten über fünfzig werden, jeden Abend nach Hause gekommen zu sein. Ich vermute, er, ein Charmeur, der gerne flirtete, war nicht ganz so treu, wie er es darstellte, aber doch relativ treu. Sie blieben aber auf Distanz bei Partnertausch und ähnlichen Experimenten, die im Freundeskreis nach der sexuellen Revolution in den Siebzigern eine Weile ausprobiert wurden. Der beste Freund meines Vaters führte, um die Übersicht zu behalten, ein Buch über die Frauen, mit denen er schlief. Mein Vater äußerte sich mehrmals empört über den Umfang dieses Logbuchs, mag sein, er war ein wenig neidisch.

Wie die meisten Kinder wollte ich, dass meine Eltern sich nicht trennen, fragte mich aber auch, wie können die beiden es miteinander aushalten. Früh erkannte ich meine Aufgabe darin, gegen das, was ich als die Dominanz des Vaters und die Opferrolle der Mutter wahrnahm, ausgleichend aufzutreten. Ich kümmerte mich um den Zusammenhalt. Vermutlich tat ich es mit dem Übereifer eines Kindes und überschritt das Notwendige.

Erst viel später verstand ich: Was die beiden zusammenhielt, war eine fast zwanghafte Vorstellung davon, wie die Dinge zu sein hatten. Abweichungen von ihrem Weltbild erduldeten sie nur unter Anstrengungen. Vieles von dem, was so und nicht anders sein sollte, betraf die Oberflächen, während die Vertiefung, besonders der Gefühle, als Türöffner zum Ärger galt.

Mittlerweile kann ich ihrer Erziehung zum Äußeren einiges abgewinnen. Hätte man mich nicht auf den Anschein getrimmt, wäre ich vermutlich ein furchtbarer Grübler geworden. Eine gesteigerte Aufmerksamkeit dafür, wie sich etwas zeigt, brachte mich stattdessen in die Kunst. Ihre Liebe zu den Oberflächen ist eine, die oft in Gefahr scheint, wie eine Vase am Rande des Tisches, die im nächsten Moment herunterzufallen droht. Da jede Aufmerksamkeit fragil bleibt, sind die Bewegungen in der Gegenwartskunst so aufregend. Etwas kann aus dem Nichts ganz groß werden und genauso schnell seine Bedeutung verlieren. Dieses Spiel der Vereinbarungen auf Zeit, die immer wieder über den Haufen geworfen werden, weil der Wechsel der Wahrheiten eine Wirklichkeit neben der Wirklichkeit bildet, liebe ich bis heute. Da Kunst mein Fluchtpunkt wurde, kehrte ich regelmäßig unter den Teppich, wie gut sie in den Kapitalismus eingebunden ist.

Eine Taktik, diese Eingebundenheit auszutricksen, dachte ich, läge darin, die Schwerkraft des Geldes zu leugnen. Ich tue einfach so, als ob Geld keine Rolle spielt, und leugne die Wahrheit, die mich umgibt. Gerade bremst mich aber die Wirklichkeit des Geldes und der Fluss der Worte gerät ins Stocken.

Bis zu dem Anruf, der diesen Text in Gang setzte, kannte ich den Galeristen so, wie man sich im Kunstbetrieb, einem Dorf mit vielen Durchreisenden, eben kennt. Wir waren uns ein paar Mal begegnet und plauderten. Es gab etwas Vertrautes in diesen Gesprächen, da er ein wenig meiner Mutter ähnelt, in der förmlichen Art, die Nähe über eine bestimmte Grenze hinaus vermeidet, sich aber herzlich gibt. Auch zeichnete sich schon in den ersten Begegnungen ein starker Bezug auf sich selbst ab. Laufend beobachtete er seine Bewegungen auf den Eindruck, den sie hinterließen. Das Gegenüber war für ihn ein Spiegel. Das ist im Kunstbetrieb nichts Ungewöhnliches, wirkt die Gemeinschaft doch oft wie ein Wald, in dem alle Bäume in einer bestimmten Art gesehen werden wollen und entsprechend ihre Blätter spreizen. Manchmal dachte ich, das Gedränge um Aufmerksamkeit passt am besten zu jenen, die mit dem Gefühl groß geworden sind, für jedes Bäuerchen, was sie von sich gaben, bejubelt zu werden. Für die, die nicht wissen, ob sie überhaupt gesehen werden, kann es hingegen anstrengend werden, sich mit dem Gesehenwerden zu befassen. Aber stimmt das? Leiden nicht die vom Blick Verwöhnten schon beim geringsten Entzug, während jene, die es gewohnt sind, dass wenig nach ihnen geschaut wird, kaum die Ruhe verlieren, wenn der Blick ausbleibt?

Rückblickend hätte ich auf manches mehr achten sollen, es gab Zeichen, aber die Aufforderung interessierte mich und sicher war auch meine Eitelkeit geschmeichelt. Dass ich mich dafür entschieden habe, bereue ich nicht, entwickelte sich das Ganze für mich doch zum Glücksfall, diesen Text zu schreiben.

Während ich schrieb, fiel mir auf, wie sich durch die Sprache ein Beziehungsgeflecht aus Forderungen und Verbindlichkeiten entfaltet. Der Text ist der Gläubiger, in dessen Schuld ich stehe. Und die Sprache, in der ich diese Schuld tilge, habe ich nur auf Kredit bekommen. Wir unterhalten eine Geschäftsbeziehung. Meine Aufgabe ist es, die Worte zu ordnen. Als Lohn bekomme ich die Sätze und sie tilgen, wenn sie sitzen, den Kredit der Sprache. Was ich tue, bewegt sich in einer anderen Ökonomie, steht aber in einem Wechselverhältnis zum Geld. Wir führten jetzt eine Dreiecksbeziehung auf verschiedenen Ebenen. Der Galerist, der sich durch meine Arbeit Aufmerksamkeit für sein Unternehmen erhoffte, hatte gleich im ersten Gespräch gesagt, dass ich bezahlt werden sollte. Wie viel, erfuhr ich erst Wochen später auf Nachfrage. Es klingt kleinlich, das anzumerken, doch wenn man freiberuflich schreibt, wird es unangenehm, laufend nach der Bezahlung fragen zu müssen. Angestellte würden die Höhe ihres Lohnes auch nicht einmal pro Woche aushandeln wollen. Diesmal sollten es je 500 Euro für zwölf Texte sein. Das klang für Schreiben in der Kunst ordentlich, selbst wenn mir klar war, so wie ich schrieb, würde ich unter dem gesetzlichen Mindestlohn bleiben. Ich dachte: Selbst schuld, wenn du so langsam bist. Meine Nachkalkulation bestätigte später die Überschlagsrechnung. Wenn ich die Manuskriptseiten durch das theoretische Honorar teilte, das ich bisher erhalten haben sollte, kam ich auf rund 50 Euro pro Seite. Nach dem Thomas-Mann-Ansatz wird eine Seite pro Tag geschrieben, geteilt durch acht Stunden komme ich auf 6,25 Euro pro Stunde. Dass ich nicht so schnell schreibe wie Thomas Mann, ist wiederum mein Fehler. Mein Stundensatz lag also ungefähr bei einem Viertel des Mindestlohns, wenn nicht noch darunter.

Über die Höhe des Honorars möchte ich mich aber gar nicht beklagen. Tat ich doch, was ich auch unbezahlt getan hätte. Und neben der Wahl des Inhalts hatte ich von ihm das Angebot bekommen, nur ein Wort pro Folge zu schreiben, womit mir freigestellt war, einfach ein schnelles Geschäft zu machen. Dass ich mehr schrieb, als verlangt wurde, war meine Entscheidung.

Getaktet durch den Monatsrhythmus des Auftrags, schrieb ich düsteres Zeug. Und während der Zug der Worte in einen dunklen Tunnel fuhr, nahm ich an, der Galerist oder eine der Mitarbeiterinnen würde mich auf den Modus der Bezahlung ansprechen. Das blieb aber aus. Zuerst fiel mir das gar nicht auf. Ich war ja beschäftigt mit dem Schreiben. Wer schreibt, liefert sich zudem aus und wird verletzlich. Etwas ungeschützt saß ich nach drei Monaten da. Und wer fragt schon nackt nach Geld? Hinzu kam, ich habe mich für Mut zur Peinlichkeit eines persönlichen Textes entschieden, ohne dass jemand darum gebeten hätte. Und noch für etwas anderes konnte niemand außer ich selbst etwas: In den vierunddreißig Jahren, in denen ich mal mehr, mal weniger Texte veröffentlichte, habe ich kein stabiles Selbstbewusstsein zu meinem Schreiben gefunden. Der Versuch, mich einzuschätzen, ging sogar oft daneben. Wenn ich mal dachte, da hast du was richtig Gutes geschrieben, entpuppte es sich als lauer Aufguss oder sogar mieser Text. Gab ich hingegen durch Zeitdruck oder Faulheit ein Geschreibe ab, von dem ich dachte, es sei vollkommen ungenügend, handelte es sich manchmal gerade um jene Texte, die anderen hilfreich erschienen.

Da Unsicherheit anstrengend ist, beneide ich die Professionellen, von denen ich mir vorstelle, sie wüssten genau, was sie tun. Letztlich suche ich aber die Verunsicherung, sie gehört für mich zum Schreiben wie der harte Hocker in der Küche, die zu kühl ist. Das mag protestantisch klingen, hat sich aber bewährt, um nicht in gemütlicher Selbstgenügsamkeit zu versinken. Doch obwohl Thomas Bernhard von »der Klarheit« spricht, »die mit der Kälte zunimmt«, war ich nie sicher und fragte mich in diesem Moment, ob die Texte, die ich in den letzten Wochen geschrieben hatte, einfach so schlecht waren, dass sie nicht honoriert werden konnten?

Als nach fünf Monaten aufgrund der ausbleibenden Zahlung das Loch in der sich aus einer Mischfinanzierung fügenden Haushaltskasse größer wurde, fasste ich mir ein Herz und schrieb eine E-Mail an den Galeristen, um zu fragen, wie es um meine Bezahlung stünde. Dabei verkniff ich mir die Bemerkung: Meine Texte seien möglicherweise nicht so gut, aber ihre Qualität wäre kein Teil der Vereinbarung über die Honorierung gewesen.

Ich erhielt keine Antwort. Zweieinhalb Wochen später rief ich den Galeristen an und fragte, ob meine Nachricht nicht angekommen sei? Nein, er hätte nichts erhalten. Ich dachte, wie selten Nachrichten verloren gehen, aber manchmal kommt es wohl vor. Nach dem Telefonat schickte mir die damalige Mitarbeiterin, sie wechselten öfter mal, eine Vorlage, mit der ich Rechnungen stellen konnte. Da der

Galerist mir im Verlauf des Telefonats, an dessen Anfang meine Rechnung vom Filter verschluckt worden war, einen Liquiditätsengpass aufgrund eines geplatzten Verkaufs anvertraut hatte, sagte ich, er könne sich auch noch vier Wochen Zeit lassen mit der Bezahlung. Dann schrieb ich die Rechnung. Das Zahlungsziel verstrich. Danach wartete ich einen weiteren Monat. Dann starb der Vater des Galeristen und es schien mir pietätlos, nach Geld zu fragen. Als ich einige Wochen später schrieb und fragte, was sei, antwortete die Mitarbeiterin, der Chef sei längere Zeit auf Reisen und gerade auf einer Messe in Los Angeles, um anschließend nach Madrid zu einer anderen zu fliegen. Der klemmende Geldfluss reichte scheinbar noch für Flugtickets, Hotelzimmer und für hochpreisige Handelsplätze, die Vorkasse verlangen. Aber das war verständlich, ein Unternehmer muss investieren und auch mal über seine Verhältnisse leben, das kannte ich von zuhause. Die Kundschaft achtet auf den gutaussehenden Auftritt.

Mittlerweile kamen mir Gerüchte über die »professionelle Unzuverlässigkeit« meines Geschäftspartners zu Ohren. Nun wird viel geredet, wenn der Tag lang ist. Professionalität interessiert mich auch nicht so, da ich sie nur für ein anderes Wort für abgeklärte Langeweile halte. Lieber sagte ich mir: Geld spielt keine Rolle, wenn es um Leidenschaften und Inhalte geht. Oder »Geld kommt, Geld geht«, wie mein Sohn Maku es ausdrückt. Entscheidend war, das Unterfangen hatte mich in ein Schreibabenteuer gestürzt. Nun stand ich auf einer Klippe und wollte die Reise nicht wegen Geld abbrechen. Die Entscheidung fiel für die Sprache. Ein Abbruch kam nicht in Frage.

Obwohl ich die Forderungen der Sprache gewählt hatte, wurde der innere Dialog mit dem Schuldner lauter. Mal war ich sauer, aber dann dachte ich wieder, er verdient kein Geld mit mir, diese Texte sind nur symbolisches Kapital, da gibt es, gerade wenn es mal eng wird, andere Prioritäten. Oder ich entwickelte Anwandlungen wie mein Vater, der kein Restaurant besuchen konnte, ohne die Gehälter des Personals mit der geschätzten Miete der Lokalität zu addieren, um die durch den Einkauf ergänzten Betriebskosten gegen den überschlagenen Umsatz zu stellen, um zu bestimmen, das rechnet sich oder eben nicht. Bis heute ist es mir nicht gelungen, diese Prägung zum Pfeffersack abzulegen, jenen hanseatischen Rosenkranz der Kalkulation des Lebens, aus dem heraus Multimillionäre ihre Pullover bis zum letzten Mottenloch tragen, um sich vorzustellen, wie sich aus der abgeschriebenen Wolle über die Jahrhunderte ein Frachtschiff strickt. Da ich aber mehr Donald als Dagobert bin, dachte ich: Meine Miete habe ich immer pünktlich bezahlt, also kann ich sie mal eine Weile aussetzen. Der Vermieter fand den Vorschlag nicht so gut. Ich konnte die Miete auch noch zahlen, da mein Doppelleben als loyaler Sohn, der seine Mutter retten wollte, dazu geführt hatte, dass ich mich gering, aber geregelt auszahlte, was aber immer noch viel war, wenn man an die prekäre Existenz eines freiberuflichen Autors gewöhnt war.

Monate verstrichen, einstweilen wurde es Frühling. Schreibend erhöhte ich meine Forderungen. Als nach Teil neun noch kein Cent geflossen war, erhielt ich eine Einladung: Der Garten der Galerie sei von meiner Lieblingsgartenkünstlerin neugestaltet worden und würde die Eröffnung feiern. Postwendend fragte ich nach, was mit meinen Rechnungen sei. Diesmal antwortete der Galerist innerhalb von Sekunden, nichts sei, wie es scheine, die finanzielle Lage der Galerie bleibe angespannt, und er fügte hinzu: Ich solle auf keinen Fall denken, er wolle mich für dumm verkaufen. Wieder ging es nur darum, wie er gesehen wurde, und nicht um meine Miete. Die Nachricht endete damit, er könnte nächste Woche schon mal 1000 Euro überweisen. Ich antwortete, ich wolle keinen Abschlag, sondern die gesamte Summe. Er zahlte ihn trotzdem, da er es gewohnt war, den Ton vorzugeben, oder einfach nicht zugehört hatte. Die Ankündigung, den Rest an offenen Rechnungen bis Ende des Monats zu überweisen, zerschlug sich wohl, jedenfalls kam kein weiteres Geld. Freunde von mir erhielten in der Woche Einladungen zu einem Abendessen der Galerie in einem coolen Club. Ich wurde nicht eingeladen. Da mich Essen wirklich interessiert, begann die Angelegenheit doch an mir zu nagen.

Als ich mir einige Wochen später eine Ausstellung in der Galerie ansah, taten wir beide so, als ob nichts wäre. Im Kunstbetrieb sind nicht nur alle beim Du, sondern sowieso *best friends.* Freunde waren wir nicht, doch man bleibt höflich in dieser Welt. Darunter missfiel es mir, zum Gläubiger geworden zu sein, zu einem, der daran glauben musste, der Schuldner würde ihn in der Zukunft bezahlen.

Rückblickend wurde mir deutlich, wie oft er sich bei unseren ersten Gesprächen bei mir entschuldigt hatte für Kleinigkeiten. Entschuldigungen können für die, bei denen sich entschuldigt wird, zur Belastung werden. Die Spiralen der Schuld übertragen sich als belastendes Gefühl und beginnen, das eigene Denken zu besetzen, während gleichzeitig eine Distanz entsteht. Darum verleihe ich ungern Geld. Trotzdem habe ich es wiederholt getan, wenn Notlagen in meinem Umfeld zu einem Gefühl der Verpflichtung wurden.

Ich halte mich für einen geduldigen Gläubiger. Das liegt an meiner Schwäche, etwas zu verlangen, und sei es nur, etwas zurückzuverlangen. Auch hat mich das jahrzehntelange Leben mit psychisch kranken Angehörigen zu großem Langmut erzogen.

Ein Traum erinnerte mich heute an eine dunkle Erfahrung als Gläubiger. Der Freundin, die darin auftauchte, lieh ich gelegentlich Geld, da sie sich nichts mehr zu essen kaufen konnte. Meine kleinen Darlehen, die sie nicht geschenkt bekommen wollte, beschämten sie so, dass sie ab dem Moment, in dem ich ihr das Geld die Hand drückte – es ging in der Regel um einhundert Euro –, bis zu dem Zeitpunkt, an dem sie es zurückzahlen konnte, jeden Kontakt mit mir abbrach. Sie ging nicht mehr ans Telefon und schien wie vom Erdboden verschluckt, bis sie anrief, um einen Ort für die Rückgabe des Geldes zu vereinbaren.

Als ich ihr das letzte Mal Geld lieh, wirkte es darum normal, dass sie einige Wochen verschwunden blieb. Doch diesmal war es nicht normal. Eine andere Stimme rief an und sagte, sie sei tot in ihrer Wohnung gefunden worden. Sie habe dort schon länger gelegen, viel zu lange. Es war ein epileptischer Anfall gewesen. Ob sie ihr Medikament nicht genommen hatte, da sie müde war von ihrer Krankheit und den Lebensumständen, die sie unaushaltbar fand, wird ihr Geheimnis bleiben. In ihrer Wohnung wurde zwischen den anderen Papieren ein Abschiedsbrief gefunden. Sie hatte ihn ein halbes Jahr zuvor geschrieben. Ob das, was in ihm stand, noch Gültigkeit hatte, blieb unklar. Gültig blieb die schmerzhafte Erfahrung des Getrenntseins in dieser Gesellschaft und meine Unfähigkeit, diese Trennung zu überwinden. Immer wieder versuchte ich, mir ihre letzten Stunden vorzustellen, bis in die Feinheiten des Lichts.

Als Erinnerung an sie besitze ich einen kleinen Aschenbecher aus roter Emaille. Er wandert mit mir zwischen meinen Aufenthaltsorten, meinem Bett und dem Küchentisch hin und her. Zusammen mit den Zigaretten erinnert er mich daran, endlich zu sein. In den dreizehn Jahren, in denen er mich begleitet, ist er öfter zu Boden gefallen, blieb aber heil, als ob das Ding beweisen wollte, wie stabil die Erinnerung ist und das Leben sein kann.

Nachdem mich der Traum an den Abgrund erinnert hatte, hätte ich das ausstehende Honorar am liebsten in den Wind geschossen. Ein Schuldenschnitt wäre eine Befreiung, aber unangemessen, dachte ich beim Rasieren. Zu einem Schuldenschnitt kommt es, wenn die Gläubiger zu der Einsicht gelangen, die Lage des Schuldners sei aussichtslos. Lebt der Schuldner aber über seine liquiden Mittel und schont die Vermögenswerte, ist eine derartige Entlastung unangebracht. In diesem Moment schnitt ich mir in die Haut. Die Unachtsamkeit rann als Blutstropfen am Hals herunter. Ich wusch mir die Seife aus dem Gesicht und ging zu Class-Cut, meinem Stammfriseur auf der Großen Bergstraße.

Während ich darauf wartete, an die Reihe zu kommen, las ich in *Die Kunst, seine Schulden zu zahlen,* einem Porträt, in dem Honoré de Balzac seinen Onkel als begnadeten Schuldenmacher zeichnet. Der Neffe unterstreicht darin einen wesentlichen Unterschied: »Schulden machen bei Leuten, die selbst nicht genug haben, heißt, die Verwirrung der Gesellschaft nur zu vergrößern und das Unglück zu vervielfältigen. Leuten aber, die zu viel haben, Geld schuldig zu sein, bedeutet im Gegenteil: für das Elend ein Gleichgewicht schaffen und seinen Teil zur Nivellierung beitragen.« Dem Ausgleich der Besitzverhältnisse dienen Schulden in der Klassengesellschaft nur selten, unbezahlt bleiben in der Mehrheit der Fälle die »Produzierenden«, während die »Konsumierenden« bezahlt werden. Daran hat sich seit dem 19. Jahrhundert wenig verändert.

Der Friseur fegte die Haare des Vorgängers zusammen und winkte mich auf den Stuhl. Während ich die Wunde im Spiegel betrachtete, ärgerte ich mich, nicht besser aufgepasst zu haben. Dann schloss ich die Augen. Hatte ich nicht schon am Anfang dieses Textes geahnt: *Das Spielfeld hieß Kunst. Auf ihm fängt vieles lustig an, bis der Spaß plötzlich aufhört und sich alle streng ansehen.* War der Spaß von der Bühne getreten? Noch schrieb ich den letzten von zwölf vereinbarten Teilen und war froh darüber, wohin mich der Anstoß brachte. Ich zögerte die Abgabe der letzten Folge sogar hinaus, damit es nicht aufhörte.

Nach der Rasur verließ ich den Salon. Kaum auf der Straße, verwandelte mich ein Kind in einen anderen, als es fragte: »Bist du Hitman?« Ich kenne das, verwechselt zu werden, besonders oft mit Actionhelden, was witzig ist, da es mir schon schwerfällt, auf einen Hocker zu steigen.

Mein Doppelgänger, die Hauptfigur eines Computerspiels, sah mir im frisch rasierten Zustand wirklich ähnlich, stellte ich fest, als ich Hitman googelte. Der im Genlabor Geborene, ein kahles Ei mit fleischigen Zügen, wurde entwickelt, um emotionslos und zielgerichtet zu töten. Würde ich meinen Speck in Muskeln umwandeln und einen schwarzen Anzug tragen, wäre mein Auftritt perfekt. Hitman verkörpert den Minimalismus der Mittel, von dem ich träume, wenn auch auf anderem Gebiet. Ein Mord mit einem Golfschläger bringt ihm mehr Punkte als das Töten mit einer Schnellfeuerwaffe.

Während meine Gedanken noch um Hitman kreisten, erreichte mich eine Videonachricht meines Sohnes. Im Bild wandeln Männer in seidenen Kaftanen durch holzgetäfelte Räume, eine Lounge auf dem König-Fahd-Flughafen in Damman. Dort hatte er gerade geduscht und verließ in diesem Moment den Waschraum. Die Kamerafahrt des vor dem Bauch getragenen Telefons gefror vor einem vollen Kühlschrank. Ich fragte zurück: »Warum bist du in der Business Lounge mit deinem 300-Euro-Ticket?« Er erwiderte: »Die Business Lounge ist nur eine Frage, wie man reinkommt.«

Wie sollte ich ihm widersprechen? Ich fragte mich: Welche Kritik griff noch in einer Gegenwart, in der es ständig darum ging, die Durchgänge zu finden? Wie sollte ich meinem Sohn überhaupt noch das Wort Kritik erklären, wenn die kritischen Stimmen bezahlt werden von denen, die sie kritisieren? Etwa mit dem Bild der Narren, jenen alten Figuren, die die Machtverhältnisse stabilisieren, indem sie das allgemeine Unbehagen stellvertretend aussprechen?

Hatte ich mich nicht selbst gerade wie ein Narr benommen, als ich darüber schrieb, dass ich nicht bezahlt worden war, und mich dafür im Nachgang auszahlen ließ?

Das Kind, das mich für Hitman hielt, folgte mir bis zum Ende der Fußgängerzone. Auf meinem Telefon sah ich jetzt einen größeren Geldeingang des Galeristen. Ich war erleichtert, dass sich die Situation durch die Bezahlung von acht Folgen nun etwas klärte. Aber konnte ich mir einbilden, ich hätte den Knoten mit meinen Mitteln gelöst und das Geld bekommen, indem ich einen eindringlichen Text schrieb? Sicher habe ich mich gewehrt, indem ich meine Stimme erhob, die vielleicht zu einem schlechten Gewissen durchdrang. Aber es wäre naiv gewesen zu glauben, meine Sätze hätten in dem Zusammenhang eine nachhaltigere Bedeutung, handelt es sich bei Kunst doch im Guten wie im Schlechten um eine Zone, die fast alles bedeutungslos erscheinen lässt. Ein Problem einzukreisen kann für einen Moment einen Kick bedeuten, löst sich aber bald wieder zugunsten eines anderen Kicks auf. Am Ende kommt es nicht darauf an, worum es geht, denn so genau will das keiner wissen, sondern dass der Name aufscheint und es immer weitergeht. Zumindest habe ich bekommen, was im Kapitalismus neben Aufmerksamkeit eine Rolle spielt, mein Geld.

Da ich nicht so gut darin bin, mich darüber zu freuen, wenn ich Ziele erreiche, und sofort Zweifel an meinem Erfolg an mir nagten, versuchte ich, dem immateriellen Vorgang der erfolgten Überweisung einen Körper zu geben, indem ich mir das Geld in kleinen Scheinen auszahlen ließ. Die Postbank hat ihre Automaten aber darauf getrimmt, mich an einer kurzen Leine zu halten, und der Apparat gab den Betrag nicht raus, da er mein Limit überstieg. Um die Zahlung in Händen zu halten, musste ich zuerst an den Schalter. Die Angestellte dort kennt mich seit vielen Jahren. Wie immer entschuldigte sie sich, nach meinem Personalausweis fragen zu müssen, da ihr Arbeitsplatz videoüberwacht werde und sie keine Ausnahmen machen dürfe. Als ich den Beweis, der zu sein, der ich bin, aus der Tasche zog, stand das Kind wieder neben mir und sagte: »Er ist Hitman.« Die Frau hinter dem Schalter schüttelte den Kopf, sie wusste doch, ich heiße Dany. Um die Überwachungskamera, die bestimmt von den Lippen lesen konnte, zu beruhigen, erklärte ich: »Das Kind verwechselt mich. Hitman ist mein Doppelgänger.«

Kurz danach stand ich mit einem dicken Bündel brauner Scheine in der Tasche auf der Großen Bergstraße. Da hier alles für Geringverdiener ausgelegt ist, würde es zu lange dauern, den Betrag auszugeben. Also ging ich zum Taxistand am Bahnhof und stieg in den ersten Wagen. Er fuhr mich zum Rathausmarkt, wo sich das französische Restaurant befindet, in dem ich die Nachricht vom Tod meines Bruders erhalten hatte. Der Platz am Fenster, auf dem oft ein frankophiler Fernsehmoderator sitzt, war frei und ich bestellte grüne Austern vor getrüffelten Rebhühnern.

Nach einer Weile brachte ein Kellner die Speisenfolge, obwohl sie gar nicht auf der Karte stand. Hatte der Koch das Zitat aus *Die Kunst, seine Schulden zu zahlen* erkannt und improvisiert? Es schmeckte hervorragend und nach dem Dessert freute ich mich auf die Rechnung. Auf dem Beleg stand aber nur Null Komma Null. Der Oberkellner hatte darunter in geschwungenen Buchstaben geschrieben: »Schön, dass Sie da waren und uns an dieses Gericht erinnert haben.« Ich schob fünfzig Euro Trinkgeld in das Couvert und verließ das Lokal.

Kurz blieb ich vor dem gläsernen Eingang des benachbarten Hauses stehen, in dem in zum Kreis gebogener Neonschrift auf Lateinisch der Satz steht, der auf Deutsch lauten würde: »Wir irren des Nachts im Kreis umher und werden vom Feuer verzehrt.« Dieser Titel eines Films von Guy Debord hängt im Entrée eines Immobilienentwicklers, der hier sein Büro hat. Ich dachte an Maku und seine These, dass alles nur eine Frage der Türen ist.

Danach bog ich um die Ecke und ging weiter über die Mönckebergstraße zum Jungfernstieg. Da ich schnell gehe, verstehe ich nicht, warum ich so langsam schreibe.

Am Ende der Straße betrat ich den Hamburger Hof und nahm die Rolltreppe. Die Dame in der Parfümerie verstand sofort, was ich meinte, als ich erklärte, ein Kind würde mich mit Hitman verwechseln und jetzt suche ich den Duft dazu. Sie schlug Vetiver Java von Perris aus Monte Carlo vor. Die Performance des Dufts beginnt mit einem Paukenschlag. Sie sagte mehrmals, es rieche doch wie angezündetes Lagerfeuer. Ich dachte, ja, das passt, Hitman muss das Geld verbrennen.

Mit dem brenzligen Geruch ging ich durch die Colonnaden. Bei Pfeifen Tesch schaute ich kurz in die Auslage und dachte an meinen Vater, der dort seine Pfeifen und den Tabak gekauft hatte. Anschließend schlenderte ich an dem Haus vorbei, in dem ich den Versuch einer Therapie unternommen hatte. Nach wenigen Sitzungen war der Satz gefallen: »Hanno Buddenbrook fährt Mustang durch Lübeck.« Der Therapeut hatte gemeint, das wäre doch zumindest »sexy«. Dann kippte seine Stimme in einen ernsten Ton und sagte, er könnte mir nicht helfen. Die Methoden einer Psychotherapie griffen bei der Tiefe meiner Verstörung nicht. Vielleicht könnte eine Psychoanalyse etwas bewirken, aber er würde mir davon abraten, der Aufwand sei groß und ich komme doch einigermaßen zurecht. Ich hörte auf ihn und legte mich nicht auf die Couch. Den Mustang habe ich auch nicht gekauft, nachdem ich ihn zur Probe gemietet und aufgrund des unglücklich verbauten Blicks auf den toten Winkel zweimal fast Motorradfahrer gerammt habe.

Jetzt betrat ich das Spielcasino am Stephansplatz. Mein Plan war, die 76 verbliebenen Fünfzig-Euro-Scheine beim

Roulette mechanisch auf die Acht zu setzen, bis ich alles verloren hätte und das Geld der Bank gehörte. Zuerst verlor ich, bis sich das Glück gegen meinen Plan wendete. Dreimal fiel die Kugel in schneller Folge auf die Acht. Danach saß ich hinter einem Riesenhaufen Jetons. Stunde um Stunde spielte ich weiter. Das Geld wurde nicht weniger. Leute kamen und gingen, während ich oft verlor, dann aber wieder gewann. Als das Spielcasino schloss und ich mir die Jetons auszahlen ließ, war das Bündel in meiner Hand größer als beim Eintritt.

Am nächsten Morgen betrachtete ich den Stapel, der zwischen den Socken des letzten Tages auf dem Boden lag. Meine Finger zählten die Scheine. Es waren jetzt über 5000 Euro. Ich fühlte mich wie im Märchen vom süßen Brei. Irgendwann würde die ganze Wohnung vor lauter Geld überquellen. Ich bekam Platzangst und dachte, die Scheine müssen weg. Jan hatte auch gewollt, dass das Geld verschwindet, wobei es sich bei ihm um eine viel größere Summe gehandelt hatte, die wegsollte. Für ihn verband sich eine Idee von Lust mit dem Verballern von Geld. Bevor er sich in die Klinik einweisen ließ, gab er noch mal ganz viel für Barbourjacken und alles mögliche Beiwerk aus. Der kaufsüchtige Bruder hängte die Jacken in einem komplizierten System in seiner Wohnung auf, damit die Viren nicht von der einen auf die andere überspringen konnten. Um mich zu beruhigen, schob ich den Stapel Geldscheine jetzt in das Bücherregal. Dort wirkte er zumindest ein wenig verschwunden. Einige Wochen später kam die letzte Überweisung des Galeristen. Wir waren jetzt quitt, was das Honorar betraf. Bei Balzac habe ich gelesen, Schulden erhalten die Freundschaft. Das stimmt. Seit ich unter eine Million Schulden gerutscht bin, rufen mich die Banken nicht mehr an, um zu fragen, wie es mir geht. Kreditgewährende nehmen nur in einem abgesteckten Rahmen Anteil an der Befindlichkeit ihrer Schuldner. Wenn die

Schuldner sterben, kommt es oft zu einem Ausfall des Geldes. Das Erdulden des möglichen Todes muss sich für den Gläubiger aber lohnen.

Obwohl ich die letzte Rate des Honorars erhalten hatte, schrieb ich weiter, als ob nichts geschehen sei. Ich tat es, wie ich rauche, und kippte gelegentlich den Aschenbecher aus. Statt dafür bezahlt zu werden, zahlte ich meine Betriebskosten jetzt selbst. Ein kleines Zimmer mit Tisch und Zeit, das war nicht viel, gab es aber nicht umsonst. Trotzdem sagte ich, wenn mich jemand fragte, ob ich für mein Schreiben bezahlt werden wollte, alles ab. Lohn roch nach Ärger und ich leistete mir den Luxus, so zu tun, als könnte ich unabhängig funktionieren. Von dem Buch, das der Galerist mir versprochen hatte, war schon lange nicht mehr die Rede gewesen und es war davon auszugehen, dass es nie erscheinen würde. Ich kannte diese Phasen im eigenen Auftrag, in denen ich mir vorstelle, von allem losgelöst zu sein. Sie waren ein Luftraum, der wieder erobert werden musste. Immer wieder habe ich mir darum eingeredet, ich würde gar nicht arbeiten, sondern pflege ein Hobby, das wie Arbeit aussieht, weshalb man mich manchmal dafür bezahlt. Der Trick hatte den Preis, mich selbst zu entwerten. Meine Flucht biss sich in den Schwanz. Ich entkam den Verhältnissen von Geld und Arbeit bis zu einem gewissen Punkt, indem ich ihre Werte verneinte, aber auch mein Tun entwertete. Die Wirklichkeit, die einen umgibt, steckt den Rahmen ab, in dem die Geschichte des eigenen Lebens erzählt wird. Manchmal gelingt es, die Geschichte über ihren Rahmen hinaus zu erzählen. Klebte ich noch an der Wirklichkeit? Hätte ich nicht schon als Siebenjähriger aus dem Konkurs lernen können: Geld kommt, Geld geht, wie Ebbe und Flut. Musste mein Vater erst sterben, damit mein Sohn mir das erklärt? Und auf eine Art verstehe ich es immer noch nicht so gut, wie ich sollte, und mache mir Sorgen. Im Schatten meines Vaters hatte ich auf Krisen oft mit übertriebener Vorsicht reagiert. Es fehlte mir der Glaube, dass es immer weitergehen werde. Dass er mir diese Sicherheit nicht vermitteln konnte, mache ich ihm nicht mehr zum Vorwurf. Er konnte es nicht besser, auch wenn er oft so auftrat. Seine unter den Teppich gekehrte Angst war meine Gefühlserbschaft. Ich hoffe, mein Sohn wird leichter weitergehen und muss sich keine Ewigkeit an mir, geschweige denn dem, was ich hinterlasse, abarbeiten.

Mein Vater konnte sehr abwesend sein und hielt mich am besten als sein Publikum aus. Als er starb, stand er eine Weile noch ausladender auf der Bühne als vorher. In einer Wirklichkeit, in der vieles so flüchtig scheint, möchte ich mich aber über seinen nachhaltigen Auftritt gar nicht beklagen. Er nervte manchmal, aber ich bin auch froh über seine Unausweichlichkeit. In diesem Moment fiel mir ein, wie der Käffchen-Banker im Verlauf unseres ersten Gesprächs gesagt hatte: Ihr Vater sitzt jetzt da oben auf einer Wolke und sieht Ihnen zu. Ein weiterer Banker spielte dabei mit seinem Telefon und versuchte mir zu zeigen, wie sich alles darüber steuern ließ. Sie erwarteten noch Geld und waren zu zweit zu dem Treffen gekommen, als das »doppelte Lottchen«, wie sie es im Stil ihres Hauses formulierten, der immer wieder leicht peinliche Momente als vertrauensbildende Maßnahme einstreut. Ihre gebündelte Aufmerksamkeit sollte mir verdeutlichen, wie wichtig ich ihnen wäre. Mein Stern sank nach dem Gespräch mit jedem Euro, den ich tilgte. Als das Konto der Firma aus dem Minus kam, sagte der eine Käffchen-Banker, der noch übriggeblieben war: Mein Vater oben auf der Wolke sei jetzt sicher ganz stolz. Seine Stimme klang müde, als er das sagte. Er hatte längst das Interesse an mir verloren. Ohne Schulden war ich entwertet für ihn. Den Stolz, von dem er sprach, spürte ich nicht, da mir gar nicht klar war, was ich genau getan hatte. Auch zweifelte ich an mir, da ich mich fragte, warum ich mich im großen Durcheinander der Gegenwart so ausgiebig mit meiner Vergangenheit befasste und keinen Ausweg aus ihr fand. Aber wie sollte das gelingen, wenn die Geschichte noch gar nicht zu Ende war?

Vorsichtig fuhr ich über das im Dunkel liegende Gelände des Krankenhauses, das einen schlechten Ruf hat, da hier im Dritten Reich furchtbare Experimente und Maßnahmen an Patienten verübt wurden, die oft tödlich endeten. Es dauerte, bis ich den richtigen Eingang fand. Die Akutambulanz hat eine weiße Tür ohne Klinke. Als ich auf die Klingel drückte, öffnete sie sich nicht. Es kam nur eine Stimme durch die Gegensprechanlage. Nachdem ich erklärt hatte, um was es ging, sagte die Stimme, ich solle im Eingangsbereich warten. Ich war besorgt, da ich ihr versprochen hatte, sofort zu kommen. Nervös wartete ich auf der Stuhlreihe. An dreien der fünf Stühle klebten A4-Blätter, auf denen *Defekt* stand. Kaum etwas in diesem Foyer war nicht kaputt. Verhuschte Gestalten schlenderten vorbei, Schlaflose, die im Garten rauchten. Es war schon nach eins, als sich die Tür der Akutambulanz öffnete, die sich wie die der Geschlossenen nur von innen bedienen lässt. Ein kahlgeschorener Arzt in einer grau gewaschenen Jeansjacke kam direkt auf mich zu. Als er sich auf einen der defekten Stühle neben mich setzen wollte, sagte ich: »Vorsicht!« Er schlug vor, in einen Nebenraum zu gehen. Die Diagnose, die er stellte, klang nachvollziehbar. Er müsste sie eigentlich hierbehalten, habe aber kein Bett frei und könne auch »keines backen«. Ich sollte sie wieder mitnehmen. Gegen zwei Uhr verließen wir das Gelände des Krankenhauses und fuhren durch die Nacht zu ihr nach Hause. Nachdem ich sie zu Bett gebracht hatte, baute ich mir das Gästesofa auf. Als ich endlich lag, konnte ich nicht einschlafen und grübelte über dies und das, bis ich bei dem Text ankam, der nicht fertig werden wollte. Das Vorhaben, über meinen Vater zu schreiben, war ihm nicht gerecht geworden. Ich habe an den vielen losen Enden entlanggeschrieben und versucht, sie miteinander zu verbinden. Anklagen wollte ich mit diesem offenen Gewebe niemanden und schon gar nicht die Lebenden. Mag sein, ich habe mich in den Augen mancher schuldig gemacht, über die Toten schlecht zu sprechen, aber das war nicht meine Absicht. Alle Auftretenden wurden von Geschichten geschrieben. Sie handelten in Umständen. Schlecht sprechen kann ich nur über mich selbst, wenn ich keine Möglichkeit finde, zwischen diesen Geschichten, die mir nicht gehören, mein Nadelöhr zu finden, durch das ich mich ins Weite bewege.

Mein ganz herzlicher Dank für die Unterstützung bei der Entstehung dieses Textes gilt: Valérie Knoll, Maku Dany, Katharina Picandet, Hanna Mittelstädt, Max Mayer, Alina Samsonija, Hannes Loichinger und Niels Holger Matz.

Franziska Otto, Katharina Bünger, Timo Schröder und Klaus Voß von der Edition Nautilus danke ich dafür, dass er als Buch zu jenen kommt, die ihn lesen möchten.

Der Status der »heiligen Kuh« birgt auch gravierende Nachteile für die Feuerwehr. Die Einrichtung und Unterhaltung einer leistungsfähigen Feuerwehr ist Pflichtaufgabe einer Gemeinde. Von daher wundert es manchmal, wenn sich die Feuerwehrmänner und -frauen gegenüber den Gemeinderäten überaus dankbar zeigen, weil ihnen mal wieder ein Feuerwehrfahrzeug oder modernes Gerät zur Verfügung gestellt worden ist – und das trotz leerer Kassen![12] Man hat mitunter das Gefühl, als Feuerwehr auf die Gnade von Gemeinderäten angewiesen zu sein. Dies ist jedoch keinesfalls der Fall. Wie schon oben erwähnt, ist es die Pflicht der Politik, die Gelder für die Pflichtaufgabe »Brandschutz« bereitzustellen, die benötigt werden, um den Ansprüchen der heutigen Zeit gerecht werden zu können. Insofern wäre Druck von außen von großem Vorteil. Den Politikern würde von Sachverständigen vermittelt, welche Gerätschaften und Ausrüstungsgegenstände zum Stand der Technik gehören und welche Ausbildungskosten als Minimum anzusetzen sind. Wie würde unsere Feuerwehrwelt aussehen, wenn nach einem Brand ein Gutachter den Schadenverlauf analysiert und Versäumnisse in Bezug auf die Ausstattung oder Ausbildung der Wehr aufzeigt und der Gemeinde mit Regressforderungen droht, sollte der Missstand bis zum nächsten Ereignis nicht behoben sein? Vielleicht gäbe es auch schneller bessere Schutzkleidung und das notwendige Geld für Ausbildung, die Unfälle vermeiden hilft (z. B. Flash-over-Training), wenn die Kosten solcher Unfälle nur dann von den Versicherungen getragen würden, wenn der Schutz des Feuerwehrangehörigen in Bezug auf Ausrüstung und Ausbildung dem Stand der Technik entsprachen. Gute Feuerwehren haben sich vor einem Controller nicht zu fürchten. Er kann sie in ihrer Arbeit unterstützen und mit Argumenten versorgen. Schlechte Feuerwehren fürchten sich zu Recht vor mehr Kontrolle von außen. Ihnen kann man nur empfehlen, an sich zu arbeiten und besser zu werden. Der Controller wird früher oder später kommen.

Insofern sieht sich der Autor nicht als Nestbeschmutzer sondern eher als Träumer. Er träumt von einer Feuerwehr in Form einer verantwortungsbewussten, gut geschulten und angemessen ausgestatteten Truppe, die die Werkzeuge von der

---

[12] Gemeint sind hier natürlich nur wirklich benötigte Fahrzeuge, Gerätschaften und Ausrüstungsgegenstände. Für darüber hinaus gehende Gerätschaften, von denen es sicherlich bei vielen Feuerwehren genügend gibt, sollte man sich auch künftig brav bedanken.

Gemeinde zur Verfügung gestellt bekommt, die sie benötigt, um gute Arbeit ohne sicherheitsrelevante Defizite leisten zu können. Vielleicht kommt ja sogar mal ein Gemeinderat oder Bürgermeister auf die Idee, sich bei den Angehörigen der Freiwilligen Feuerwehr zu bedanken, weil die Gemeinde nur das Werkzeug (das neue Fahrzeug, die neue Wärmebildkamera) beschaffen musste und Personalkosten spart, da die ehrenamtlichen Feuerwehrangehörigen bereit sind, das Werkzeug unentgeltlich zum Wohle der Gemeinde einzusetzen.

Unsere technische Ausstattung in Verbindung mit aufwändigen Maßnahmen des Vorbeugenden Brandschutzes und deutlich höheren Sicherheitsstandards in allen Bereichen, führt dazu, dass ein Feuer kaum noch eine Chance hat, sich richtig zu entwickeln. In den meisten Fällen können wir eigentlich machen was wir wollen, wir sind dem Feuer derart überlegen, dass es innerhalb kürzester Zeit gelöscht ist. Dieses vermeintliche Erfolgserlebnis darf nicht darüber hinweg täuschen, dass wir in vielen Bereichen des Feuerwehrwesens seit Jahren keinen echten Fortschritt mehr haben. Innovation ist ebenso gefragt wie der Mut, neue Wege zu gehen. In vielen Fällen reicht es auch schon aus, über die Grenzen zu unseren Nachbarn zu schauen, sie haben uns in einigen Bereichen um Längen hinter sich gelassen.

Es macht sicherlich Sinn, bereits heute die eigenen Maßnahmen ehrlich und kritisch in den eigenen Reihen zu diskutieren, Mängel und Schwächen schonungslos aufzudecken und an deren Behebung zu arbeiten. Einsatzstellen müssen nach dem Brand kritisch begangen werden. Einsatznachbesprechungen sind in verstärktem Maße durchzuführen. Übungen müssen häufiger unter realitätsnahen Bedingungen durchgeführt werden (Bild 76). Es kann nicht sein, dass immer mit vollbesetzten Fahrzeugen geübt wird, obwohl jeder weiß, dass es Tageszeiten gibt, wo viele Fahrzeuge unterbesetzt sind oder gar nicht ausrücken können. Es macht auch keinen Sinn, wenn der Einsatzleiter die Übung selbst ausgearbeitet hat und zeigen kann, wie geschickt er die von ihm selbst gestellten Fallen umgeht. Mut zur Lücke ist gefragt. Wir müssen bereit sein, auch mal eine Übung misslingen zu lassen und im Anschluss offen darüber zu reden. Übungskritiken wie »Kameraden/Kollegen, im großen und ganzen hat es ja ganz gut geklappt« bringen uns keinen Schritt weiter. Nur wenn wir uns selbst unter Druck setzen und uns zwingen, Fehler aufzudecken und besser zu werden, werden wir den Ansprüchen der Zukunft gerecht werden können.

Bild 76: Übung unter verschärften Bedingungen: Gasexplosion mit Folgebrand, Personen verschüttet. Der Einsatzleiter ist nicht vorinformiert – Lage wie gegeben.

Die Ausrede »Wenn wir mehr Geld hätten« greift dabei nicht. Die meisten Probleme sind Einstellungsprobleme in unseren Köpfen. Sie lassen sich ohne jeglichen finanziellen Aufwand lösen. *Wir müssen es nur wollen.*

Literaturhinweise

Feuerwehr-Dienstvorschrift 100 (Führung und Leitung im Einsatz); Deutscher Gemeindeverlag GmbH, Stuttgart.

Heidenreich, S.: Löschen oder brennen lassen? *In:* BRANDSchutz/Deutsche Feuerwehr-Zeitung 8/2001, Seiten 714 bis 715.

Helpenstein, J. und Feyrer, J.: Überdruckbelüftung; *In:* BRANDSchutz/Deutsche Feuerwehr-Zeitung 12/1997, Seiten 982 bis 983.

Pulm, M.: Es hat gebrannt – Was ist zu tun? *In:* BRANDSchutz/Deutsche Feuerwehr-Zeitung 8/1997, Seiten 648 bis 650.

Pulm, M.: Vermeidbare Rauchschäden – müssen wir umdenken? *In:* BRANDSchutz/Deutsche Feuerwehr-Zeitung 12/1997, Seiten 974 bis 981.

Pulm, M.: FogNail – der Sprinkler für danach; *In:* BRANDSchutz/Deutsche Feuerwehr-Zeitung 12/2000, Seiten 1036 bis 1045.

Pulm, M.: Rauchschäden vermeiden – eine Idee setzt sich durch; *In:* BRANDSchutz/Deutsche Feuerwehr-Zeitung 12/2001, Seiten 1000 bis 1003.

Pulm, M.: Wärmebildkameras im Feuerwehreinsatz, Rotes Heft/Ausbildung kompakt 202, W. Kohlhammer GmbH, Stuttgart, 2005.

Reick, M.: Mobiler Rauchverschluss, Rotes Heft/Ausbildung kompakt 212, W. Kohlhammer GmbH, Stuttgart, 2007.

Schäfer, H. und Hildinger, G.: Feuerwehrgesetz Baden-Württemberg, 2. Auflage, W. Kohlhammer GmbH, Stuttgart, 1997.

Schläfer, H. (Hrsg.): Das Taktikschema, 4. Auflage, W. Kohlhammer GmbH, Stuttgart, 1998.

Schröter, K. und Hohloch, R.-J.: Vom Übungshaus zum Ernstfall: sicherheitsrelevante Erkenntnisse; *In:* BRANDSchutz/Deutsche Feuerwehr-Zeitung 4/2001, Seiten 356 bis 365.

Surwald, W.: Feuerwehrgesetz Baden-Württemberg und ergänzende Vorschriften, 7. Auflage, Richard Boorberg Verlag, Stuttgart, 1997.